# MARCO POLO

# CHIEMGAU

## BERCHTESGADENER LAND

**MARCO POLO AUTORIN**
**Annette Rübesamen**
Wie schön es hier ist, wurde ihr so richtig erst klar, nachdem sie ins Ausland gezogen war. Nun lässt es sich zwar auch in Italien aushalten, doch ihre romantische Liebe zu Biergärten, hohen Gipfeln, Barockkirchen und bayerischem Dialekt sorgt verlässlich dafür, dass die Reisejournalistin (und geborene Münchnerin) so oft wie möglich nach Oberbayern zurückkehrt.

# DIE TOUREN-APP

zu den Erlebnistouren zeigt, wo's langgeht:
inklusive Tourenverlauf und Offline-Karte

# EVENTS & NEWS

Schnell die wichtigsten Infos auf dem Smartphone:
Events, News, neue Insider-Tipps und ggf. aktualisierte
Erlebnistouren als PDF zum Downloaden

# HOLEN SIE MEHR AUS IHREM MARCO POLO RAUS!

SO EINFACH GEHT'S!

**1** go.marcopolo.de/chg

**2** downloaden und entdecken

GO!

OFFLINE!

6 **INSIDER-TIPPS**
Von allen Insider-Tipps finden Sie hier die 15 besten

8 **BEST OF …**
- 🟢 Tolle Orte zum Nulltarif
- 🔵 Typisch Chiemgau
- 🟠 Schön, auch wenn es regnet
- 🟣 Entspannt zurücklehnen

12 **AUFTAKT**
Entdecken Sie den Chiemgau!

18 **IM TREND**
Im Chiemgau gibt es viel Neues zu entdecken

20 **FAKTEN, MENSCHEN & NEWS**
Hintergrundinformationen zum Chiemgau

26 **ESSEN & TRINKEN**
Das Wichtigste zu allen kulinarischen Themen

30 **EINKAUFEN**
Shoppingspaß und Bummelfreuden

32 **RUND UM DEN CHIEMSEE**
33 Prien  40 Trostberg

44 **CHIEMGAUER ALPEN**
44 Aschau  49 Grassau  50 Reit im Winkl  51 Ruhpolding  54 Schleching

56 **STÄDTE AM INN**
56 Altötting  59 Mühldorf  60 Rosenheim  62 Wasserburg

---

**SYMBOLE**

INSIDERTIPP Insider-Tipp
★ Highlight
🟢🔵🟠🟣 Best of …
☼ Schöne Aussicht
🌱 Grün & fair: für ökologische oder faire Aspekte
(*) kostenpflichtige Telefonnummer

**PREISKATEGORIEN HOTELS**

€€€ über 120 Euro
€€ 80–120 Euro
€ bis 80 Euro

Die Preise gelten jeweils für ein Doppelzimmer mit Frühstück

**PREISKATEGORIEN RESTAURANTS**

€€€ über 17 Euro
€€ 10–17 Euro
€ bis 10 Euro

Die Preise gelten jeweils für ein Hauptgericht ohne Getränke

# INHALT

**66 BERCHTESGADENER LAND**
- 66 Bad Reichenhall
- 72 Berchtesgaden

**78 RUPERTIWINKEL**
- 78 Burghausen  84 Laufen
- 86 Waginger See

**88 ERLEBNISTOUREN**
- 88 Der Chiemgau perfekt im Überblick  92 Radl- und Badetour zu den Chiemgauer Seen
- 95 Rund um den Watzmann
- 97 Mit dem Rad unterwegs zwischen Alz und Salzach

**100 SPORT & WELLNESS**
Aktivitäten und Verwöhnprogramme zu jeder Jahreszeit

**104 MIT KINDERN UNTERWEGS**
Die besten Ideen für Kinder

**108 EVENTS, FESTE & MEHR**
Alle Termine auf einen Blick

**110 LINKS, BLOGS, APPS & CO.**
Zur Vorbereitung und vor Ort

**112 PRAKTISCHE HINWEISE**
Von A bis Z

**116 REISEATLAS**

**130 REGISTER & IMPRESSUM**

**132 BLOSS NICHT!**

---

**GUT ZU WISSEN**
Geschichtstabelle → S. 14
Spezialitäten → S. 28
Lesehunger & Augenfutter → S. 54
Schicksalsberg → S. 76
Bundwerkverzierungen → S. 85
Was kostet wie viel? → S. 113
Wetter → S. 114

**KARTEN IM BAND**
(118 A1) Seitenzahlen und Koordinaten verweisen auf den Reiseatlas
(0) Ort/Adresse liegt außerhalb des Kartenausschnitts. Es sind auch die Objekte mit Koordinaten versehen, die nicht im Reiseatlas stehen

(📖 A–B 2–3) verweist auf die herausnehmbare Faltkarte

**UMSCHLAG VORN:**
Die wichtigsten Highlights

**UMSCHLAG HINTEN:**
Citypläne Rosenheim, Wasserburg, Bad Reichenhall und Berchtesgaden

# Die besten MARCO POLO Insider-Tipps

**Von allen Insider-Tipps finden Sie hier die 15 besten**

**INSIDER TIPP Teestunde in den Bergen**
Von wegen Beutelaufguss! Im Restaurant *Gillitzer's* in Ruhpolding wird der *Afternoon Tea* fast so schön zelebriert wie in London. Aber mit bayerischer Note: Butterbrez'n statt Gurkensandwich → S. 52

**INSIDER TIPP Design zum kleinen Preis**
Wer glaubt, niedrige Übernachtungspreise und hohe ästhetische Ansprüche würden sich ausschließen, sollte einmal Deutschlands erste „Designjugendherberge" in Bischofswiesen besuchen: In der *Jugendherberge Berchtesgaden* sehen sogar die Schlafsäle richtig schick aus → S. 74

**INSIDER TIPP Spukschloss**
Im flackernden Schein von Kerzen und ein paar Taschenlampen wandern Sie durch die unheimliche *Burg Stein*. So cool ist keiner, dass er sich hier nicht doch einmal nach Gespenstern umsehen würde → S. 104

**INSIDER TIPP Programmkino**
Nicht nur bei Regenwetter – die gute Auswahl des engagiert geführten *Park-Kinos* verleitet auch bei Sonnenschein zum Filmegucken → S. 70

**INSIDER TIPP Ganz entspannt**
Wunderbar unökonomisch mäandert das Flüsschen Alz durch das Voralpenland. Eine *Schlauchbootfahrt* auf dem Wasserlauf rückt sämtliche Probleme des Lebens weit weg! (Foto o.) → S. 103

**INSIDER TIPP Erinnerungsort im Wald**
Eine *Gedenkstätte* bei Mühldorf erinnert an das ehemalige KZ-Außenlager von Dachau, in dem Tausende Häftlinge ums Leben kamen → S. 59

**INSIDER TIPP Gebirgsweihnacht**
Klein, aber enorm stimmungsvoll ist der *Christkindlmarkt* von Schleching mit seinem Angebot an hübschen, handgefertigten Geschenken → S. 54

### INSIDER TIPP Gasthaus mit Charme
Ein liebevoll restauriertes altes Haus und eine frische, kreative Küche: Im *Pritzlwirt* bei Burghausen stimmt einfach alles → S. 81

### INSIDER TIPP Individuell übernachten
Eine originelle Ferienunterkunft hat Designer Nils Holger Moormann in Aschau geschaffen: die *Berge*. Ein Haus für Individualisten, Ästheten und Leute mit Sinn für Humor (Foto u.) → S. 47

### INSIDER TIPP Sunset in Übersee
Die Füße in den hellen Sand strecken, die Wellen murmeln hören und auf lässigen Loungemöbeln am Cocktail nippen: Was sich wie Karibik anhört, ist die *Sundowner Bar* am Chiemsee → S. 40

### INSIDER TIPP Echte Knaller
Das vorweihnachtliche Böllerschießen ist Tradition. Bei Franz Pfnür in Berchtesgaden können Sie die handgefertigten Kracher das ganze Jahr über kaufen → S. 73

### INSIDER TIPP Feinkost vom Land
Gutes zum Sofortessen, Mitnehmen oder Verschenken: Bei *Poidl* in Amerang haben Feinschmecker die Qual der Wahl → S. 65

### INSIDER TIPP Idyll für Stadtflüchtlinge
Am stillen Samerberg steht ein Bilderbuchgasthaus mit jungem Herzen: der *Gasthof Alpenrose* in Grainbach → S. 62

### INSIDER TIPP Königsseefisch
Zart und würzig sind die *Schwarzreiter,* geräucherte Zwergsaiblinge, in Sankt Bartholomä. Eine schönere Brotzeit kann es nach einer Wanderung zu Füßen des Watzmanns nicht geben → S. 76

### INSIDER TIPP Weltvergessen
Winziger Ort mit großem Charme: Das Dorf *Tüßling* besitzt schöne Inn-Salzach-Häuser und ein Wasserschloss, das mit seinen Zwiebeltürmen inmitten eines großen Parks steht → S. 60

# BEST OF ...

## TOLLE ORTE ZUM NULLTARIF
Neues entdecken und den Geldbeutel schonen

**SPAREN**

### 🟢 *Fahrradtour zu den alten Römern*
Statt für das Römermuseum Bedaium in Seebruck eine Eintrittskarte zu lösen, radeln sportliche Gäste den *Archäologischen Rundweg* entlang. Am Wegesrand entdecken Sie allerlei römische Hinterlassenschaften – und zwar gratis! (Foto) → S. 42

### 🟢 *Kostprobe in der Brennerei*
Verkostungen – ob von Wein, Schampus oder Grappa – müssen Sie normalerweise bezahlen. In der *Enzianbrennerei Grassl* dagegen dürfen alle, die an der Besichtigung des Betriebs teilgenommen haben, den hauseigenen Enzianwurzelschnaps umsonst probieren → S. 73

### 🟢 *Gegen den Strom wandern*
Eigentlich kostet der Eintritt in die *Almbachklamm* 3 Euro. Er wird aber nur unten am Parkplatz kassiert. Sie zahlen nichts für die Wanderung, wenn Sie stattdessen oben bei Ettenberg starten und dort die Klamm auch wieder verlassen → S. 107

### 🟢 *Von Aschau zum Chiemsee – ohne Auto*
Auch wer in Aschau Urlaub macht, möchte einmal im Chiemsee baden. Doch statt mit dem eigenen Pkw teures Benzin zu verbrauchen, steigen Sie als Besucher der Stadt einfach in den *Linienbus nach Bernau*. Der Fahrer begnügt sich mit einem Blick auf Ihre Gästekarte → S. 47

### 🟢 *Billig baden*
Warum Geld für Freibäder ausgeben, wenn Sie anderswo genauso schön und kostenlos schwimmen können? Besonders gut ausgestattet ist das Strandbad im *Chiemseepark Felden,* zu dem unter anderem Beachvolleyballfelder, Bocciabahnen und ein Abenteuerspielplatz gehören → S. 37

### 🟢 *Wassertreten*
Wellness muss nicht automatisch einen Haufen Geld kosten – das *Kneippsche Wassertreten* inklusive Fußreflexzonenparcours im Kurpark von Aschau ist ganz umsonst → S. 47

🔵🟠🔴🟢 Diese Punkte zeichnen in den folgenden Kapiteln die Best-of-Hinweise aus

# TYPISCH CHIEMGAU
## Das erlebe Sie nur hier

● *Historisches Stadtbild*
Barocke Häuserfronten und Flachgiebel, Laubengänge und Schwibbögen: Die *Altstadt von Mühldorf* verkörpert am deutlichsten die von Salzburg geprägte Architektur der bayerischen Innstädte. Genau der richtige Ort für einen romantischen Spaziergang! → S. 59

● *Wanderung auf den Gipfel*
Auf der *Kampenwand,* dem heimlichen Wahrzeichen des Chiemgaus, sollte jeder bergerfahrene Besucher einmal gestanden haben. Den Gipfel erreichen Sie nach einer kombinierten Wander- und Klettertour. Der Blick vom Gipfelkreuz auf den tief unten ausgebreiteten Chiemsee entschädigt für jeden Muskelkater → S. 48

● *Genießen im Biergarten*
Wer nie seine Brez'n im Biergarten aß, wird das Glück, ein Bayer zu sein, nicht wirklich begreifen können. Wie es sich anfühlt, bei einer Maß Bier, ein paar Regensburger Würsten und einem Teller Radi unter schattigen Kastanien Brotzeit zu machen, erfahren Sie besonders schön im Biergarten des *Klostergasthofs Raitenhaslach* → S. 83

● *Barockkirche vor Alpenpanorama*
Kein Bild zeigt das Voralpenland so schön wie das einer Barockkirche mit Zwiebelturm vor einer Gebirgskulisse. Das gilt erst recht, wenn es der Watzmann ist, der für den alpinen Hintergrund sorgt. Für den Anblick der Wallfahrtskirche *Maria Gern* müssen Sie von Berchtesgaden 45 Minuten wandern. Aber es lohnt sich! (Foto) → S. 76

● *Woher einst das Salz kam*
Salz war jahrhundertelang die wichtigste Einnahmequelle des Berchtesgadener Landes. Eine Ahnung davon, wie mühsam es war, das weiße Gold zu gewinnen, bekommen Sie in der *Alten Saline* in Bad Reichenhall → S. 68

● *Ein Tag auf der Chiemseeinsel*
Sie setzen mit dem Dampfer über, umrunden die Insel zu Fuß, bestaunen die karolingische Torhalle und lassen sich im Garten des Restaurants Inselwirt nieder – in einem Tag auf *Frauenchiemsee* steckt die Essenz einer ganzen Chiemseeferienwoche → S. 37

# BEST OF ...

## SCHÖN, AUCH WENN ES REGNET
Aktivitäten, die Laune machen

### ● *Flanieren ohne Schirm*
Ein Stadtspaziergang bei strömendem Regen? In der *Altstadt von Wasserburg* liegen Geschäfte und Cafés unter den Laubengängen mächtiger Bürgerhäuser. Sie können bummeln, ohne den Regenschirm aufzuspannen → S. 63

### ● *Lernen beim Spitzenkoch*
Tipps und Tricks von einem Starkoch werten Ihre heimische Küche kräftig auf. Die Kurse in Heinz Winklers *Residenz* in Aschau schließen eine Übernachtung und reichlich gutes Essen mit ein → S. 46

### ● *Reise in die Salzgrube*
Tief im Erdinnern erwarten Sie im *Salzbergwerk Berchtesgaden* eine „Salzkathedrale", eine rauschende Fahrt auf der großen Rutsche und die Überquerung des Solesees auf einem Floß – und versetzen Sie in eine andere Welt (Foto) → S. 107

### ● *Süße Sünden im Traditionscafé*
Schlechtes Wetter ist die beste Entschuldigung dafür, im *Café Reber* in Bad Reichenhall mal so richtig über die Stränge zu schlagen – mit köstlich-altmodischen Petit Fours, zarten Florentinerblättern und natürlich der ein oder anderen Mozartkugel → S. 69

### ● *Einkaufstempel für Sparfüchse*
Über 200 Edelmarken von Hugo Boss bis Jil Sander und Preisnachlässe bis zu 70 Prozent: Wenn Sie im *Designer-Outlet Salzburg* in einen Kaufrausch verfallen, spielt schlechtes Wetter keine Rolle mehr → S. 82

### ● *Berühmte Künstler*
Ob Andy Warhol oder Georg Baselitz – in Traunreut bestaunen Sie im privaten Museum *Das Maximum* Werke von einigen der besten zeitgenössischen Künstler. Da wünscht man sich fast, es würde noch ein bisschen länger regnen → S. 41

**REGEN**

10

# ENTSPANNT ZURÜCKLEHNEN
## Durchatmen, genießen und verwöhnen lassen

### ● *Kaffee, Buch und Kuchen*
Schmökern, Kaffee trinken und die Zeit vergessen – das können Sie nicht nur in den berühmten Wiener Kaffeehäusern, sondern auch in der Buchhandlung *Buch und Café* in Aschau, wo die Neuerscheinungen zusammen mit einem Stück Kuchen angeboten werden → S. 46

### ● *Wohltuendes Körpertreatment*
Probieren Sie in der *Rupertus-Therme* unbedingt die Laist-Öl-Behandlung aus! Wegen des Alpenmineralsoleschlicks, der hier verwendet wird, ist sie nicht nur typisch für Bad Reichenhall, sondern macht angeblich auch schlank und schön → S. 70

### ● *Besinnliche Fahrt auf dem Dampfer*
Eine *Rundfahrt auf dem Chiemsee* versetzt Sie in beinahe meditative Stimmung. Während der Dampfer die Wellen des „Bayerischen Meers" durchpflügt, genießen Sie die stille Schönheit des Voralpenlands und lassen so richtig die Seele baumeln (Foto) → S. 33

### ● *Schlemmerparadies mit Bergblick*
Wenn Sie sich einmal zu Bier und Hirschcarpaccio im sonnigen Wirtsgarten des *Forsthauses Adlgaß* niedergelassen und die kristallklare Bergluft eingesogen haben, wollen Sie nie wieder aufstehen. Lassen Sie sich ruhig ausgiebig verwöhnen! Für die Übernachtung danach stehen schließlich Ferienwohnungen bereit → S. 53

### ● *Wohlfühlen im Solebad*
Die Thermalsolequelle, die den großen Open-Air-Whirlpool der Bad Endorfer *Chiemgau-Thermen* füllt, schenkt Ihnen ein wunderbar angenehmes Körpergefühl → S. 37

### ● *Nostalgie am Strand*
Hölzerne Kabinen aus den 1930er-Jahren und ein Fahrverbot für Motorboote: Das *Strandbad am Abtsdorfer See* ist ein ruhiges Fleckchen mit herrlich nostalgischem Charme. Breiten Sie Ihr Handtuch aus, strecken Sie alle Viere von sich, und lassen Sie die Gedanken schweifen → S. 82

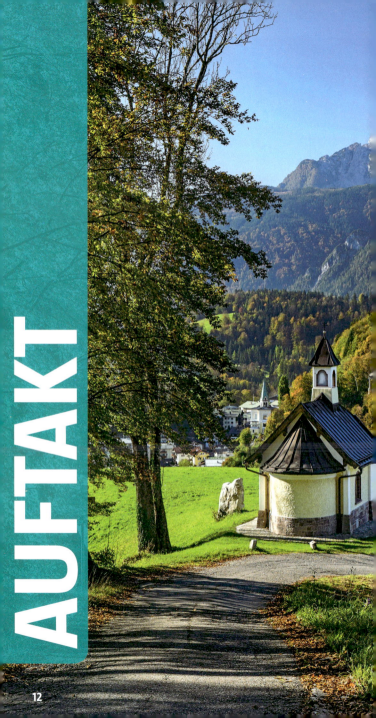

# ENTDECKEN SIE DEN CHIEMGAU!

Die beliebteste Ferienregion Deutschlands? Immer wieder Oberbayern, wie unabhängig voneinander – und unter Vorlage beeindruckenden Zahlenmaterials – sowohl der ADAC als auch das oberbayerische Fremdenverkehrsamt festgestellt haben. Keinen anderen Landstrich in Deutschland finden Urlauber so attraktiv wie diesen *südlichen Teil Bayerns*, zu dessen ganz großen Highlights die Gebiete zählen, die dieser Reiseführer vorstellt.

Chiemgau und Berchtesgadener Land sind der Inbegriff all dessen, was man sich im In- und Ausland gemeinhin unter Bayerischem vorstellt – und gleichzeitig ein veritables Ferienparadies: *Saftige Wiesen vor schneebedeckten Bergen* laden zu Wanderungen und Klettertouren ein. Bauerngärten strotzen vor Blumen, und über das Blau *idyllischer Seen* treibt der Föhn, der vom Alpenhaupt herunterwehende Südwind, die weißen Dreiecke der Segelboote. Die sanft gewellte Voralpenlandschaft, wie sie die Moränen der Eiszeit so hinreißend harmonisch geformt haben, beruhigt Auge und Seele. Auch was der Mensch hier hingestellt hat, kann sich sehen lassen und begeistert Kulturfreunde und Genießer: mächtige Klöster und hübsche *Zwiebelturmkirchen*, gemütliche Wirtshäuser und *Biergärten* gibt es hier. Und dann die Be-

Bild: Berchtesgaden, Blick auf den Watzmann

Reif für die Insel? Rauf aufs Schiff von Gstadt zum Inselchen Frauenchiemsee!

wohner selbst: schlitzohrig und bauernschlau, derb, durstig und lebensfroh – das sind nicht nur die Klischees, wie sie in den beliebten Voralpenfernsehfilmen gern reproduziert werden. Das ist auch die Wirklichkeit.

Chiemgau und Berchtesgadener Land bilden gemeinsam den südöstlichen Teil Oberbayerns. Dieses *bayerische „Eckgebiet"* stößt im Süden und im Osten an die österreichische Grenze und wird im Westen wie auch im Norden vom Inn begrenzt. Zu einem richtigen Eck fehlt ihm jedoch der 90-Grad-Winkel; stattdessen ragt es im äußersten Südosten mit dem Berchtesgadener Land wie mit einem Entenbürzel in die Hochalpenlandschaft Österreichs hinein. Doch die geografischen Grenzen allein sagen nicht viel aus über das Gebiet. Es sind vielmehr seine *unterschiedlichen Gesichter*, die ihm seinen unverwechselbaren Charakter verleihen. Rein optisch und ohne allzu große Rücksichtnahme auf historische und geophysische Gegebenhei-

**800 v. Chr.**
Keltische Stämme besetzen das Gebiet zwischen Alpen und Donau

**15 v. Chr.**
Das Gebiet östlich des Inns wird zur römischen Provinz Noricum

**Um 550 n. Chr.**
Die Agilolfinger stellen mit Garibald I. den ersten bayerischen Stammesherzog

**1180**
Mit Otto von Wittelsbach beginnt die Herrschaft der Wittelsbacher über Bayern

**18. Jh.**
Die Jesuiten holen den Barockstil aus den Schlössern in die Kirchen; Blütezeit des Barocks und Rokokos

# AUFTAKT

ten lässt sich Südostbayern in drei relativ griffige Regionen aufteilen.

Das verzauberte Land: Wie es scheint, verführt kaum eine Gegend in Deutschland so sehr zum Seufzen, zum Dichten und zum Schreiben sehnsüchtiger Elogen wie der Chiemgau. An den Ufern des Chiemsees verfällt der Mensch in *romantische Schwärmerei*. Ludwig Thoma und Isabella Nadolny sind nur zwei Beispiele für Schriftsteller, denen hier das Herz aufging. Auch Maler zog es von der Mitte des 19. Jhs. an mit Macht an den Chiemsee. Dessen Stimmungen suchten *zahlreiche Künstler* von Eduard Schleich über Max Slevogt bis hin zu Arnold Balwé und Julius Exter einzufangen. Doch was ist dran am Szenario Chiemgau?

Der Chiemgau ist eine uralte Kulturlandschaft zwischen den Flüssen Inn, Alz und Traun, im Süden von den Bergen begrenzt, im Norden irgendwo hinter Trostberg allmählich auslaufend. Sein beherrschender Mittelpunkt ist der See. Dass der Chiemsee mit seinen rund 80 km² der drittgrößte See Deutschlands ist und ein *wunderbares Segelrevier* dazu, mag einen Teil seiner Anziehungskraft erklären. Der eigentliche Zauber aber beruht auf dem harmonischen Zusammenspiel mit seinem Umland: Das Gewässer liegt in einer *weiten, grünen Ebene*. Diese Ebene umschließt in größerer Entfernung eine Hügelkette, die sich halbkreisförmig nach Norden zieht. Mit der zackigen Bergkette aus Hochfelln, Hochgern und Kampenwand, an klaren Tagen überragt vom österreichischen Kaisergebirge, findet der sanfte Chiem-

> **Am Ufer des Chiemsees verfällt der Mensch in Schwärmerei**

**1704** Im Verlauf des Spanischen Erbfolgekriegs wird Oberbayern von österreichischen Truppen besetzt. Im Jahr darauf erheben sich die Bauern erfolglos gegen die Besatzungsmacht. Es kommt zur Sendlinger Mordweihnacht

**1803** Im Zuge der Säkularisation wird die Fürstpropstei Berchtesgaden dem weltlichen Bayern eingegliedert

**1806** Bayern wird unter Napoleon zum Königreich

**1816** Der Rupertiwinkel, das Land westlich der Salzach, geht an Bayern über

gau einen würdigen Abschluss. Dieses Bild lässt in seinem Frieden und seiner ruhigen Heiterkeit vergessen, dass viele Touristen um ganz anderer Eindrücke willen anreisen: **Schloss Herrenchiemsee**, ein Versailles-Nachbau des bayerischen „Märchenkönigs" Ludwig II., ist die mit Abstand populärste Sehenswürdigkeit des Chiemgaus.

Angenommen, es gäbe weder das goldglänzende Herrenchiemsee noch das heiterbesinnliche Landschaftsbild: Der Chiemgau hätte selbst dann noch alle Chancen, zu einem touristischen Ziel der Sonderklasse zu avancieren. Jede Menge Gewässer zum Segeln und Schwimmen, Kletterfelsen, Skiberge und *föhnbedingte Sonnentage* – Herz, was begehrst du mehr für schöne Ferien? Die Kunst? Davon ist reichlich zwischen Inn und Alz vorhanden. Nahezu jede Dorfkirche lohnt einen Besuch. Die *Kirchenkunst* blüht im Chiemgau seit über 1000 Jahren, seit die Benediktiner die beiden Inselklöster im Chiemsee gründeten und so mit der geistlichen, geistigen und kulturellen Befruchtung der Gegend begannen.

## Der Anblick des Watzmanns jagt einem Schauer über den Rücken

Das dramatische Land: Eine Bühne für Gefühlsregungen extremer Natur ist das Berchtesgadener Land. Der Anblick des Watzmanns, wie er sich, einer *versteinerten Riesenschere* gleich, über den Doppeltürmen der Berchtesgadener Stiftskirche erhebt, kann einem selbst nach Jahren einvernehmlicher Nachbarschaft noch Schauer über den Rücken jagen.

Das Berchtesgadener Land ist das Land der Berge und Wälder, der Steine und des Salzes. Den Mönchen, die sich Anfang des 12. Jhs. an die Kultivierung des *abgelegenen Gebirgswinkels* machten, stellte sich eine unwegsame Natur entgegen. Heute ist das Gebiet ein überaus ertragreiches Stück Erde. Das Salzgeschäft bringt nicht mehr die astronomischen Gewinnspannen, die vom späten Mittelalter an die geistlichen Landesherren, die Fürstpröpste, reich und mächtig werden ließen – an seine Stelle ist der Tourismus getreten.

Klare Luft, wunderlich frei stehende Tafelberge, jäh abfallende Felswände und waldreiche Täler schaffen eine *aufregende Szenerie*. Wild, stark und dunkel erscheint die einzigartige Landschaft. Das Berchtesgadener Land beflügelt die

**1864–86** Regierungszeit von „Märchenkönig" Ludwig II.

**1949** Gründung des Bundeslandes „Freistaat Bayern"

**1978** Einweihung des Nationalparks Berchtesgaden, des mit einer Fläche von 210 km² größten Nationalparks in Deutschland

**2015** Freilassing wird mit 1500 Grenzübertritten pro Tag einer der Hotspots des Flüchtlingsdramas

**2016** Am Königssee wird die WM der Rennrodler ausgetragen

# AUFTAKT

Schöne Tradition bis ins Detail: festlich gekleidete Frauen beim Trachtenumzug in Grassau

Phantasie – dagegen können selbst die gut ausgebauten Bundesstraßen und der McDonald's in Freilassing nichts ausrichten.

Das stille Land: Wenn in den Städten des Rupertiwinkels, in Laufen und in Tittmoning, auch im urbayerischen Burghausen, die Zeit stehen geblieben zu sein scheint, dann rührt dieser Eindruck nicht zuletzt von der nahezu vollkommen erhaltenen *Inn-Salzach-Bauweise* her, einer aus dem Süden inspirierten Stadtarchitektur gotischen Ursprungs. Lang gestreckte Straßenplätze, an denen sich stolze Bürgerhäuser aneinanderreihen, Arkadengänge, Kopfsteinpflaster – die Zeitreise in längst vergangene Jahrhunderte ist fast perfekt.

> **Im Rupertiwinkel scheint die Zeit stehen geblieben zu sein**

Fast. Denn natürlich ist im Rupertiwinkel so wie überall im südöstlichen Oberbayern hinter den Fassaden der Patrizierhäuser, der prächtigen Bauernhöfe, der urigen Berghütten längst der Fortschritt eingekehrt, WLAN und Piercingstudios inbegriffen. In der Wirtschaft florieren neben viel Landwirtschaft und mittelständischem Handwerk *Hightechunternehmen* wie die Rimstinger Hightex, deren Kunststofffolien für Dächer und Fassaden auch in Dubai, Johannesburg und Südkorea verlegt werden. Doch das sind nur scheinbar Widersprüche. In Wirklichkeit sind Chiemgau und Berchtesgadener Land einfach eine runde Sache: *Lederhosen und Reggaekonzerte*, Biergärten und Biofood, Canyoning und Trachtenwallfahrten verbinden sich hier zur besten nur möglichen Ferienwelt.

# IM TREND

## 1 Heimatgefühl

***Bayerisch für Bayern*** Heimatabend und Lederhosen – so sieht das Bayernbild für Touristen aus. Die einheimische Jugend dagegen hinterfragt Traditionen und entwickelt sie weiter, gut zu erkennen am Erfolg der „neuen bayerischen Volksmusik", z. B. von der Chiemgauer *La Brass Banda (www.labrassbanda.com) (Foto).* Oder im *MUH (www.muh.by),* dem Magazin für „bayerische Aspekte" aus Truchtlaching, das viermal im Jahr munter und spannend über Themen wie Höfesterben, Dialektentwicklung und schwule Schuhplattler berichtet.

## 2 Ski naturnah

***Tourengehen*** Volle Pisten, laute Lifte, zubetonierte Gipfel – nein danke! Immer mehr Skifahrer ziehen ihre Spuren lieber durch unpräpariertes Gelände. Tourengehen boomt: Erst schwitzend hochsteigen, dann beschwingt abfahren, lautet die Devise. Neulinge fangen am besten mit einfachen Einsteigerrouten an, z. B. auf den Breitenstein, das Rossfeld und den Zinkenkogel. Lawinenausrüstung nicht vergessen! Und vorher den Lawinenbericht checken *(www.alpenverein.de).*

## 3 Abschlag

***Golf mal anders*** Echt urig geht es beim *Bauerngolf (bei Spöck | Kirchplatz 5 | www.bauerngolf-samerberg.de) (Foto)* in Grainbach zu – dort wird auf Obstwiesen und Weiden abgeschlagen. Und am Unternberg in Ruhpolding fliegen nicht Bälle, sondern Scheiben: Beim *Discgolf (www.discgolf-ruhpolding.de)* wird auf Körbe gezielt. Wer lieber geschützt vor Wind und Wetter spielt, ist im Funpark von *Harrys Tenniscamp (nach Anmeldung | Am Tennispark 1 | Reit im Winkl | www.tennis-bayern.de)* mit seiner Indoor-Driving-Range genau richtig.

**Im Chiemgau gibt es viel Neues zu entdecken. Das Spannendste auf diesen Seiten**

# Filmstar

**4**

*Schauplatz Chiemgau* Das südöstliche Oberbayern wird als Location für Kino- und TV-Drehs immer beliebter. Nicht nur in und um Rosenheim, wo seit 2002 jedes Jahr rund 30 Folgen der beliebten „Rosenheim-Cops" abgedreht werden und geraniengeschmückte Bauernhöfe vor Bergkulisse das perfekte Szenario für große und kleinere Verbrechen abgeben. Auch Ruhpolding, wo die hinreißende Komödie „Wer früher stirbt ist länger tot" entstand, oder Freilassing („Und Äktschn!", mit Gerhard Polt) *(Foto)* wurden für Cineasten zum Begriff. Selbst Hollywood kann sich der Anziehungskraft der oberbayerischen Kulisse nicht entziehen: Paul W. S. Anderson drehte auf Schloss Herrenchiemsee für seinen Historienfilm „Die drei Musketiere". Mehr Infos über (aktuelle) Drehorte gibt es auf *www.filmkulisse-bayern.de.*

# Tracht, aber echt

**5**

*Kitschfreier Look* Nachdem die „Landhausmode" mit knallbunten Bonbondirndln, spitzenbesetzten Carmenblusen und anderen Geschmacksentgleisungen die bayerische Tracht zwar deutschlandweit populär gemacht, aber auch völlig verfälscht hat, wird nun der Rückwärtsgang eingelegt. Tracht ist in Oberbayern auch bei „Buam und Madln" als Symbol wahrer Heimatliebe aktueller denn je, muss aber authentisch sein. Christine Weber *(www. anno-domini-design.com)* aus Amerang etwa entwirft klassische Dirndl mit viel Gespür für Farben, bei Otto Hofer *(www.trachten-hofer.com)* in Grassau findet man Schlichtschönes aus eigener Fertigung sowie andere gute Marken.

Bild: Fresken in der Klosterkirche Rott am Inn

# FAKTEN, MENSCHEN & NEWS

## BAIERN ODER BAYERN?

Woher sie kamen, ist bis heute noch nicht restlos geklärt. Vermutlich gingen die „Boiern", wie sie im Jahr 624 erstmals urkundlich erwähnt wurden, nach dem Abzug der Römer aus der Vereinigung von keltischen und römischen Bevölkerungsresten hervor, ergänzt durch die aus Böhmen einwandernden Baiuvaren, die eine germanische Note hinzufügten. Die Baiern sind somit der beste Beweis für die Vorzüge multikulturellen Neben- und Miteinanders – schließlich haben sie sich im Lauf der Jahrhunderte als besonders kunstfertiges und lebensfrohes, wenngleich auch jähzorniges, sturköpfiges und misstrauisches Volk offenbart. Immerhin sind sie weder ausgestorben noch untergegangen; als einzige Niederlage bisher mussten sie ihren angestammten Namen abändern. König Ludwig I., ein großer Freund alles Griechischen, ordnete im 19. Jh. an, dass Baiern künftig mit „y" zu schreiben sei. Heute versteht man unter „Bayern" den politischen Freistaat, zu dem jedoch auch so unbaierische Gruppierungen wie die Franken gezählt werden. „Baiern" oder „Altbaiern" aber darf sich auch heute noch das alte Stammesgebiet nennen, zu dessen Kernstücken Berchtesgaden und der Chiemgau gehören.

## ÜPPIGE FORMEN

Bayern – speziell Oberbayern – gilt vielen als regelrechtes Synonym für barocke Kunst und Architektur. In der Tat hat das Barockzeitalter genauso wie die

**Von Barockkunst und Südwind, der Vielfalt der Trachten und der Geschichte des weißen Golds – alles, was Land und Leute ausmacht**

darauf folgende Epoche des feineren Rokokos im bayerischen Voralpenraum besonders fruchtbaren Boden gefunden. Das späte 17. und das 18. Jh. hinterließen nicht nur Bauwerke von europäischem Rang – etwa die Klosterkirche Rott am Inn –, sondern verwandelten auch äußerlich schlichte Dorfkirchen in goldglänzende, puttenbewohnte Stuckparadiese. Dass sich der Barockstil in Oberbayern so besonders gut macht, liegt vielleicht an den verwandten Formen. Wie gemalt erscheint schließlich auch die Voralpenlandschaft, die in barocken Formen auf- und abschwingt.

## WIR WAREN PAPST!

Die schöne Schlagzeile „Wir sind Papst!", mit der die „Bild"-Zeitung 2005 über die Wahl von Joseph Ratzinger zum Oberhaupt der katholischen Kirche jubilierte, hätte eine wesentlich größere Berechtigung im „Traunsteiner Tagblatt" gehabt. Denn der seit 2013 emeritierte Pontifex ist ein echter Chiemgauer – geboren 1927 in Marktl bei Altötting, aufgewachsen erst in Tittmoning, dann in Aschau am Inn und schließlich in Hufschlag bei Traunstein. In Traunstein besuchte der fleißige Schüler auch das erzbischöfliche Studienseminar.

Wenn Sie auf Spurensuche in die Vergangenheit des Papstes gehen möchten, werden Sie vor allem im stillen Dorf Marktl am Inn fündig. Hier wurde das 300 Jahre alte Geburtshaus direkt am Marktplatz in eine Begegnungsstätte verwandelt. Oder Sie radeln auf dem Benediktweg 248 km von Altötting aus rund durch den Chiemgau.

## UNTER DEN KASTANIEN

Im Prinzip handelt es sich bloß um eine Freischankfläche, wo Menschen bei gutem Wetter etwas trinken können. Und ihr eigenes Essen mitbringen dürfen. Doch damit ist die Liebe der Bayern zum Biergarten noch nicht annähernd erklärt. Nirgendwo sonst als im gesprenkelten Schatten der Kastanien, an langen Holztischen und -bänken, vor einer gut eingeschenkten Maß (oder Halben) kommt der Mensch so mit sich ins Reine – und oft auch mit wildfremden Menschen ins Gespräch – wie in dieser urbayerischen Institution. Der Alkohol spielt dabei nicht einmal die Hauptrolle. Das Glück, auf der Welt und, etwas spezieller, in Bayern zu sein, kann sich durchaus auch bei einer Apfelschorle einstellen.

## DIE PERFEKTE AUSREDE

Er könnte so schön sein: Der Föhn ist ein aus Oberitalien kommender Südwind, der über die Alpenkämme streicht und als warmer Fallwind ins bayerische Voralpenland hineinbläst. Diesem beschert er zwanzig zusätzliche Sonnentage im Jahr, er sorgt für strahlend blauen, mit Federwölkchen geschmückten Himmel und eine glasklare Fernsicht. Was also ist der Haken? Man hat den Föhn als Auslöser von Kopfweh, Nervenzusammenbrüchen, Auffahrunfällen und Tobsuchtsanfällen ausgemacht. Er „wirkt" freilich nicht immer und nicht bei jedermann und erwischt vor allem erheblich mehr Alteingesessene als Neuankömmlinge und Touristen.

## KERNSCHMELZE

Die Klimaerwärmung nagt sichtbar am einzigen, nicht mehr sehr eindrucksvollen Gletscher in Deutschland: dem Blaueisgletscher am Hochkalter, einem Nachbarn des Watzmanns. Warum Gletscher für die Bilderbuchlandschaft des Chiemgaus dennoch eine so wichtige Rolle spielen? Weil sie sie geschaffen haben! Als vor etwa 1 Mio. Jahren die letzte Eiszeit einsetzte, schoben sich die Massen des riesigen Inngletschers und seines Nachbarn, des weitaus kleineren Chiemseegletschers, bis weit ins Alpenvorland hinein, schürften weite Becken aus und formten das Land. Mit dem Ende der Eiszeit schmolzen auch die Gletscher ab und hinterließen die Moränenhügel, die im Westen, Norden und Osten einen breiten Gürtel um das Chiemseebecken bilden. Vor allem aber blieb der Chiemsee zurück. Dass er ursprünglich zehnmal größer war als heute, davon künden seine vielen kleinen Ableger wie Simssee und Seeoner See im Norden und die Moorlandschaften im Süden.

## DER CHARME DES SÜDENS

Ach, dieses herrliche Italiengefühl! Diese lang gezogenen Plätze mit den Arkadenhöfen und gotisch gewölbten Laubengängen! Diese prächtigen Fassaden alter Patrizier- und Handelshäuser und die schön arrangierten Kopfsteinpflaster! Fehlen nur noch die knatternden Ves-

# FAKTEN, MENSCHEN & NEWS

pas und die alten Männer mit der sizilianischen Schirmmütze auf dem Kopf ... Ja, das südliche Flair in Städten wie Burghausen und Mühldorf, Rosenheim und Tittmoning ist etwas ganz Besonderes. Es entwickelte sich als eine der Folgen des regen Handelsverkehrs im 15. Jh. an den Ufern der Flüsse Inn und Salzach. Die Wurzeln dieser Architektur liegen im Salzburger Land und in Italien, das Ergebnis unterscheidet sich deutlich von den Giebelhäusern und Flachsatteldächern der üblichen bayrisch-bäuerlich inspirierten Stadtarchitektur. Darauf erst mal ein großes *gelato*!

## GRÜSS GOTT, FRATER

Ohne die tapfer missionierenden Mönche wären Chiemgau und Berchtesgadener Land so schnell keine lebenswerten Gebiete geworden. Im 8. Jh. kamen als Erste die Benediktiner, damals noch einziger Mönchsorden des Abendlandes, und gründeten auf Geheiß des Bayernherzogs Tassilo auf den beiden Chiemseeinseln ein Männer- und ein Frauenkloster, später dann auch die Abtei in Seeon. „Ora et labora" lautete

Von Gletschern geschaffene Traumlandschaft: Die Tiroler Ache mündet in den Chiemsee

ihr Ordensgrundsatz – betend machten sie sich die noch unkultivierte und raue oberbayerische Erde untertan. Nach ihnen kamen Augustiner und Zisterzienser und taten es ihnen gleich. Die Klostergründungen dieser Zeit – wie das Chorherrenstift in Baumburg und die Abtei Raitenhaslach – waren noch weit über das Mittelalter hinaus Zentren des geistigen, vor allem aber des kulturellen und wirtschaftlichen Lebens. Der Macht und nicht zuletzt dem Geld ihrer Stiftsherren ist jene Fülle sakraler Kunst und Prachtentfaltung zu verdanken, die das Gesicht des südöstlichen Oberbayerns auf so unverwechselbare Weise prägt.

## HEISSE WARE

Er ist die Zierde jedes traditionsbewussten bayerischen Dorfs: weiß-blau geringelt, mit einem Fichtenkranz an der Spitze und, wenn es die Gemeinde ernst meint, mit Fahnen und geschnitzten Figuren, die die am Ort vertretenen Handwerkszweige darstellen – oft darf heute aber auch das Symbol der örtlichen Sparkasse dabei sein. Wichtiger als der Maibaum als solcher ist das Aufstellen desselben. Traditionsgemäß findet es am 1. Mai im Rahmen einer großen Feier mit viel Blasmusik und noch mehr Bier statt. Wichtiger als das Aufstellen wiederum ist das Maibaumstehlen, ein heiterer Brauch, bei dem es darum geht, den meist gut bewachten Baum des Nachbardorfs zu entwenden, kurz bevor er aufgerichtet werden soll. Wenn der Diebstahl gelingt, müssen die Besitzer den Maibaum auslösen. Das zu zahlende Lösegeld besteht in der Regel aus ein paar Fässern Bier – ein weiterer Anlass für eine fröhliche Feier.

## SAUBER, DIESE NATUR!

Sie haben Durst? Dann nehmen Sie doch einfach einen Schluck aus dem Königssee! Das fjordartige Gewässer gilt als einer der saubersten Seen in Deutschland und besitzt Trinkwasserqualität. Was kein glücklicher Zufall ist, sondern das Ergebnis aktiver Umweltpolitik. Denn die Oberbayern sind wach- und achtsam, was den Schutz ihrer Natur betrifft. Der Königssee liegt im Nationalpark Berchtesgaden, dem einzigen alpinen Nationalpark Deutschlands. Seit seiner Gründung bewahrt er das empfindliche Gleichgewicht dieses Lebensraums und engagiert sich mit geführten Wanderungen, Infoveranstaltungen und Programmen im Gelände auch stark in Sachen Umweltbildung. Der Park schützt eine äußerst vielfältige Pflanzen- und Tierwelt – auf den Bergwiesen sprießen Blumen, die es in der Ebene schon lange nicht mehr gibt: Enzian, Arnika, Silberdistel und Berglöwenzahn. Und wer Glück hat (und im Idealfall auch ein Fernglas), entdeckt Murmeltiere, Gämsen und Steinböcke.

Außer dem Nationalpark lohnen zahlreiche Naturschutzgebiete den Besuch, z. B. die Kendlmühlfilzen (ein Hochmoorgebiet im Süden des Chiemsees), die Östli-

Ein guter Grund zum Feiern:
Der Maibaum wird aufgestellt

# FAKTEN, MENSCHEN & NEWS

chen Chiemgauer Alpen rund um Hörndlwand und Rauschberg oder die Seeoner Seen.

## WEISSGOLD

Dass Salz einmal große Reichtümer bescheren konnte, ist heute nur noch schwer vorstellbar. Doch schon die Kelten und später die Römer handelten mit dem lebensnotwendigen Mineral, das in den Gegenden um Salzburg und Reichenhall besonders reichlich vorhanden war. Die Salzgewinnung und der Handel mit dem „weißen Gold" prägten die Geschichte des Chiemgaus und des Berchtesgadener Landes mehr als jeder andere Faktor. „Salzstraßen" entstanden, große Handelswege, die über Land und auf dem Wasser nach Wien, München und Augsburg führten. Zu Reichtum, wirtschaftlicher Blüte und architektonischer Pracht gelangten neben den Städten, die an der Salzgewinnung beteiligt waren (Salinen gab es in Berchtesgaden, Reichenhall, Traunstein und Rosenheim), vor allem jene, die am Wegesrand der großen Salztransporte lagen. Laufen beispielsweise lag derart „unglücklich" an einer wegen vieler Stromschnellen unpassierbaren Salzachschleife, dass die kostbare Fracht dort umgeladen werden musste – was der örtlichen Wirtschaft bestens bekam. Heute gibt es nur noch eine bayerische Saline; sie steht in Bad Reichenhall.

## FESCH UND ZÜNFTIG

Es ist ein weit verbreiteter Irrtum, anzunehmen, es gebe eine bayerische Tracht schlechthin. In Wahrheit besitzt jede Region, jeder Ort und oft noch einmal jeder Verein eine eigene Tracht, sodass es schon genauerer Kenntnisse bedarf, um den Sitz des Wadenstrumpfs, die Hutform und das Material der Miederknöpfe richtig zu interpretieren. Berchtesgadener Tracht kann man bei den Männern etwa am „Dragoner" erkennen, einem breiten Riegel im Rücken der grauen Joppen. Aus Berchtesgaden stammen auch die berühmten schwarzen Strickjäckchen mit den grün-roten Streifen am Halsausschnitt und den filigranen Silberknöpfen.

## WO DER CHIEMGAUER ROLLT

Kein Problem, wenn Ihnen im Urlaub die Euros ausgehen sollten. Zahlen Sie eben mit Ihren Chiemgauern! So heißt die 2003 erstmals gedruckte alternative Regionalwährung, die in den Landkreisen Traunstein und Rosenheim zirkuliert und mit deren knallbunten Scheinen man in rund 500 Geschäften bezahlen kann: beim Bäcker und beim Metzger, beim Zahnarzt und beim Psychotherapeuten.

Der Chiemgauer gilt als die erfolgreichste Regionalwährung Deutschlands – er wurde als Anreiz eingeführt, das Geld möglichst lokal auszugeben und damit die Wirtschaft anzukurbeln. Doch nicht nur deshalb geht es der Region so gut. Chiemgau und Berchtesgadener Land haben eine der niedrigsten Arbeitslosenquoten Deutschlands und stehen ökonomisch prächtig da. Doch vom Anblick stattlicher Ferienbauernhöfe und glücklich grasender Kühe dürfen Sie sich nicht in die Irre führen lassen. Landwirtschaft und Tourismus spielen zwar eine große Rolle, aber beileibe nicht die einzige. Gut ausgeprägt ist das Handwerk, aufgrund des großen Waldreichtums speziell in der Holzverarbeitung. Aber auch die Industrie ist vertreten. Sie konzentriert sich allerdings auf einige wenige Standorte wie Burghausen, wo der Chemiekonzern Wacker eine Produktionsstätte hat, und das erst nach dem Zweiten Weltkrieg als Vertriebenenstadt entstandene Traunreut – hier wird u. a. für Bosch und Siemens produziert.

Bild: Quarkknödel

# ESSEN & TRINKEN

**Die oberbayerische Küche zeigt sich von zwei starken Einflüssen geprägt: vom bäuerlichen Leben einerseits und vom Katholizismus andererseits.**

Der bäuerlichen Daseinsform verdankt sie nicht nur die Größe der Portionen, sondern auch ihre oftmals recht derbe Schlichtheit. Auch die große *Lust am Fleischessen* – insbesondere Schweinefleisch ist beliebt – wurzelt in der ländlichen Lebensweise. Das katholische Erbe hingegen schmeckt süß: Es findet sich in der großen Vielfalt an *Mehlspeisen*, die hier ähnlich lecker sind wie im benachbarten Österreich – wobei die kulinarischen Landesgrenzen in dieser Region ohnehin verschwimmen.

Eine Besonderheit des bayerischen Speiseplans ist die *Brotzeit*, und dies vor allem deshalb, weil sie eine Mahlzeit ist, die zu jeder Stunde des Tages stattfinden kann – gleich nach dem Frühstück oder auch erst am späten Nachmittag. Das Wesen der Brotzeit liegt in ihrem Imbisscharakter und im Verzehr sogenannter *Schmankerln* begründet. Schmankerln – zu übersetzen vielleicht als „wohlschmeckende Kleinigkeiten" – können z. B. die auch außerhalb Münchens viel geliebten Weißwürste sein, deren Verzehr sich aus Gründen der Tradition noch vor dem mittäglichen Zwölf-Uhr-Läuten empfiehlt. Andere köstliche Brotzeitelemente sind Ochsenmaulsalat, abgebräunte Milzbrieswurst, Presssack sauer oder auch Käse. Eine dicke Scheibe Emmentaler gilt in Oberbayern als wunderbare Gabe Gottes.

## Weißwurst und andere Schmankerln: Die Köstlichkeiten der regionalen Küche machen zwar nicht schlank, aber mit Sicherheit satt

Zu den wichtigen Eigenschaften der Brotzeit gehört, dass sie an der frischen Luft besonders gut schmeckt. Es gibt kaum etwas Schöneres, als an einem warmen Sommerabend vor einer kühlen Maß und einer frischen Laugenbrez'n im *Biergarten* zu sitzen. Wer solche Momente aus ganzem Herzen genießen kann, der hat erkannt, was die bayerische Küche erst wirklich einzigartig macht: ihr atmosphärisches Umfeld.

Das gilt übrigens auch für geschlossene Räume. Im Chiemgau und im Berchtesgadener Land sind viele der wirklich guten Adressen für bayerische Küche immer noch die alteingesessenen *Dorfwirtschaften* – ob sie nun „Alte Post" oder „Zum Ochsen" heißen. Wo der Stammtisch voll besetzt ist, wo der Koch erst gar keine Experimente in Richtung Fusionküche unternimmt, wo die Speisekarte sich täglich neu und einigermaßen überschaubar präsentiert, dort lernen Sie die *regionalen Spezialitäten* am besten kennen. Der Schweinsbraten z. B. ist eine Art bayerisches Nationalgericht und

# SPEZIALITÄTEN

**Auszog'ne** – auch „Knienudel" genanntes Schmalzgebäck mit dickem, weichem Rand
**Bratensulz** – kalter Schweinsbraten in leicht gesäuertem Aspik. Wird oft mit Eischeiben und Essiggurken serviert
**Grießnockerlsuppe** – Fleischbrühe, in der löffelweise abgestochene Nocken aus Grieß, Ei und Butter schwimmen
**Hollerküchel** – Holunderblüten in Ausbackteig
**Kaiserschmarrn** – eine Art dicker, luftiger Eierkuchen, der noch in der Pfanne zerteilt wird. Perfekt mit Preiselbeeren
**Kalbslüngerl** – fein geschnittene Lunge in einer mit Essig gewürzten Rahmsauce. Dazu: Semmelknödel
**Knödel** – im Prinzip alles, was weiter nördlich als „Kloß" bekannt ist. Die Beilage, z. B. zu Schweinshaxe, wird aus alten Semmeln, rohen oder gekochten Kartoffeln hergestellt (Foto li.)
**Leberkäs** – Aus Ochsenbrät, Speck und Schweinefleisch wird ein Laib geformt und im Ofen außen knusprig und innen saftig gebacken. Schmeckt warm und kalt
**Obatzter** – Reifer Camembert wird mit Butter, Zwiebeln, Kümmel und Paprika zu einem weichen „Batz" gerührt. Besonders gut zu Roggensemmeln (Foto re.)
**Radi** – Rettich, in hauchdünne Scheiben geschnitten und mit sehr viel Salz eingerieben, sodass er zu „weinen" anfängt, also Wasser zieht
**Rohrnudel** – ein meist mit Obst gefülltes Hefeteiggebäck, zu dem Vanillesauce gereicht wird
**Speckkrautsalat** – Salat aus gehobeltem Weißkohl, ausgelassenem Speck und Kümmel. Ideal zum Schweinsbraten
**Wurstsalat** – aufgeschnittene Regensburger Würste, die mit Essig und Öl und vielen Zwiebelringen serviert werden
**Zwetschgendatschi** – flacher Blechkuchen aus Hefeteig, dick mit Zwetschgen belegt

---

Prüfstein für die Qualität der Küche: Von einer nicht zu mageren Sau muss er geschnitten sein (am besten aus der Schulter), saftig und von einer reschen, krachenden Kruste gekrönt soll er auf den Teller kommen. Auch in Sachen Fisch sieht es im südöstlichen Oberbayern besser aus, als man vielleicht glauben möchte: Frische Forellen, Renken aus dem Chiemsee oder ein aus dem eiskalten

# ESSEN & TRINKEN

Wasser des Königssees gezogener Saibling bereichern die Speisekarten. Nur bei der Zubereitung sollten Sie keine Wunderdinge erwarten: Bei den Köchen beliebt, weil bewährt, ist der Fisch vor allem „blau", also im Essigsud gegart.

Wer die bayerische Küche ihrer magenfüllenden Üppigkeit wegen liebt, wird auch bei den Desserts und Süßspeisen keinen Grund zur Klage finden. *Knödel* etwa werden gern auch zum Nachtisch serviert – gefüllt mit Zwetschgen, Aprikosen oder Topfen (Quark). Auch *Apfelküchel*, mit Zimt und Zucker bestreut, oder die aus Hefeteig geformten und in Schmalz ausgebackenen „Auszog'nen" finden sich auf den Speisekarten vieler bayerischer Wirtschaften. Auf dem Kuchenbuffet macht sich die geografische Nähe zum Mehlspeisenparadies Österreich durch ein reiches Angebot an Strudeln bemerkbar. Ein echter bayerischer Klassiker, den es leider nur im Sommer gibt, ist dagegen der *Zwetschgendatschi*, der zusammen mit einer Portion Schlagrahm und einer Tasse Kaffee eine ziemlich gelungene Annäherung an das Paradies auf Erden darstellt.

Rund um den Chiemsee und im Berchtesgadener Land wird *Bier* getrunken – wiewohl nicht gleich jedes! Bayern hat seine eigenen Biergesetze, seine eigenen Bierspezialitäten und Trinksitten. Als typisch bayerisch gilt ein mildgehopftes helles Vollbier, das den zarten Malzgeschmack betont. Es hinterlässt deshalb einen eher süßen Eindruck. Dunkle Biere, bis in die 1930er-Jahre hinein sehr beliebt, erleben vor allem bei Frauen eine Renaissance – es ist wieder schick geworden, ein malziges „Dunkles" zu bestellen. Egal, ob dunkel oder hell – als *Maß*, also als ganzer Liter, kommt das Bier in der Regel nur in Biergärten und bei Volksfesten auf den Tisch. Im Lokal werden stattdessen *Halbe* ausgeschenkt, also halbe Liter. Die sogenannte „Preuß'nhalbe", ein 0,4-l-Glas, konnte sich im Alpenvorland zum Glück noch nicht wirklich durchsetzen.

Eine ganz besonders beliebte Bierspezialität ist das *Weißbier*. Von obergäriger Brauart und entsprechend spritzig und frisch, passt es wunderbar zu heißen Tagen und lauen Abenden, zu Frühschoppen und Brotzeiten. Es wird hefetrüb oder kristallklar angeboten, ins eigene,

Herrlich erfrischend: eine Radlermaß im Biergarten auf Frauenchiemsee

schlanke Weißbierglas eingeschenkt und manchmal mit einer Zitronenscheibe dekoriert.

Weinstöcke gibt es weder im Chiemgau noch im Berchtesgadener Land. Dafür hat man sich vielerorts auf die Herstellung *hochprozentiger Getränke* spezialisiert. Berühmt sind etwa der Kräuterlikör von Frauenchiemsee, der Obstler ganz allgemein sowie der Berchtesgadener Enzian.

# EINKAUFEN

Der Chiemgau und das Berchtesgadener Land bieten nicht nur Gamsbärte und Lederhosen! Wie in katholischen Regionen mit bäuerlichen Traditionen üblich, ist vor allem das Angebot an wohlschmeckenden Schmankerln groß: Die geräucherten Chiemseerenken und das hausgemachte Griebenschmalz wecken auch zu Hause noch herzhaft-bayerische Esslust. Aber Sie können auch aus einer Fülle anderer schöner Souvenirs auswählen – vom Maßkrug über Trachtenkleidung und Holzschnitzereien bis zum duftenden Badesalz.

## BAUERNSCHMUCK

Wenn Sie Glück haben, finden Sie in manchen Antiquitätengeschäften noch alten Bauernschmuck: Frauen tragen filigrane Silberarbeiten wie Kropfketten und Haarnadeln, aber auch in Gold gefasste Hirschgrandeln (Zähne). Für den Mann kommt ein Charivari infrage. Das ist eine silberne Uhrkette, an der allerhand Zierrat baumelt, ein Stück Hirschgeweih etwa, Münzen, der Zahn einer Wildsau oder silberne Hände, Symbole der männlichen Kraft und Potenz – was man bei den heutigen Charivaripreisen auch finanziell deuten kann.

## HOLZWAREN

Etwas ganz Besonderes in Sachen traditionelles Kunsthandwerk können Sie im Berchtesgadener Land entdecken: die „Berchtesgadener War", kunstvoll bemalte Spanschachteln und kleines Holzspielzeug. Mit dem Schnitzen ihrer „War" – zu sehen auch im Heimatmuseum Berchtesgaden (s. S. 72) – verdienten sich die armen Bergbauern früher das bitter nötige Zubrot.

## OBSTLER & ENZIAN

Wer es hochprozentig mag, greift zum Obstler, dem aus Äpfeln, Birnen oder Zwetschgen gebrannten Schnaps. Einen ganz eigenen Geschmack hat der Enzian, der aus den Wurzeln des Gebirgsenzians hergestellt wird und sich ebenfalls gut als Geschenk eignet.

## SALZ

Ein typisches Souvenir aus dem Berchtesgadener Land ist das Salz. Sie können es natürlich als schlichtes Speisesalz mitnehmen. Aber den nachhaltigeren Eindruck hinterlassen Sie mit Bade- und Massagesalzen, die mit ätherischen

> **Schnupftabak, Hirschzähne und Enzian sind typische Mitbringsel – und Schafkopfkarten passen in die Taschen jeder Trachtenjacke**

Ölen, beispielsweise aus Lavendel oder Heublumen, versetzt wurden.

### SPIELKARTEN

Wenn in oberbayerischen Wirtshäusern Karten gespielt wird, dann handelt es sich in der Regel um das Traditionsspiel Schafkopf. Schafkopfkarten sind Tarockkarten mit bayerischem Bild – ein preisgünstiges, nettes Souvenir, das in jedem Zeitungsladen zu bekommen ist.

### SPORTSWEAR

Wo zwischen den Bergen und Seen des Chiemgaus viel Sport getrieben wird, steht auch die Wiege zweier höchst angesagter Sportswear-Hersteller: *Windsurfing Chiemsee* hat seinen Sitz zwar inzwischen in Norddeutschland, betreibt aber in Bernau immer noch sein großes Outletcenter. Und die Marke *Maloja* stammt aus Rimsting (und hat einen Shop in Aschau).

### TRACHTENKLEIDUNG

Es muss ja nicht gleich die krachlederne Bundhose (handgenähte Exemplare ab 750 Euro) sein! Von schlichter Schönheit sind Leinenhemden, gestrickte Wollstrümpfe, Walkjanker oder weit schwingende Trachtenröcke. Abstand nehmen sollten Sie von der sogenannten Landhausmode mit ihren schulterfreien Carmenblusen – mit echter bayerischer Tracht hat das nichts zu tun.

### WEISSBIER & MASSKRÜGE

Ein originelles Mitbringsel ist ein Tragl Weißbier von einer der kleinen, aber feinen Landbrauereien. Wer sein Helles auch zu Hause aus dem bayerischen, einen Liter fassenden Maßkrug genießen möchte, hat die Wahl zwischen Exemplaren aus Glas und den graublauen tönernen Keferlohern. Die Steinzeugkrüge sehen nicht nur hübsch aus, sondern halten auch das Bier länger kühl.

Bild: Chiemsee

# RUND UM DEN CHIEMSEE

**Der Chiemgau ist ein Ferienparadies par excellence: eine sinnlich-saftige Bauernlandschaft, stimmungsvoll hingegossen vor dem nördlichen Alpenrand und mit einem anziehenden Superlativ in der Mitte – dem Chiemsee, Bayerns größtem See.**

Die Lage des Sees ist nicht nur optisch attraktiv: Von München aus ist man mit dem Auto in nur einer Stunde mitten im Chiemgau, was die Münchner sehr zu schätzen wissen. Die buchtenreiche Nordwestecke des Chiemsees mit ihren beiden Inseln findet touristisch mehr Beachtung als die südöstlichen Ufergebiete, in denen naturgeschützte Moore (die hier Filzen heißen) das Landschaftsbild prägen. Der Nordosten des Chiemgaus bietet darüber hinaus mit der Eggstätt-Hemhofer Seenplatte, dem Simssee, dem Seeoner See und dem Flüsschen Alz ein wahres Badedorado.

Der Chiemsee ist der landschaftliche, kulturelle und touristische Mittelpunkt des östlichen Oberbayerns. Mit 80 km$^2$ Fläche, 18 km Länge, bis zu 14 km Breite und an seiner abgründigsten Stelle sogar 74 m Tiefe sucht er in Bayern seinesgleichen. Doch so sanft und harmonisch sich das „Bayerische Meer" – dessen Wasserstand wie der der „echten" Meere Ebbe und Flut kennt – auch in sein barockes Umland einzufügen vermag: Bei starkem Wind verwandelt sich der Chiemsee in ein wild wogendes Wellenmeer, das schon manchem leichtsinnigen Wassersportler zum Verhängnis geworden ist. Sicheren Transport gewährt in jedem Fall

**Alles dreht sich ums Meer der Bayern:
Im Herzen des Chiemgaus bestimmt der See
Landschaft, Küche und Freizeitaktivitäten**

die aus 14 großen und kleinen Dampfern bestehende Flotte der *Chiemsee-Schifffahrt Ludwig Feßler (Tel. 08051 60 90 | www.chiemsee-schifffahrt.de),* die nicht nur die Strecke zu den Inseln Herren- und Frauenchiemsee bedient, sondern auch eine zweieinhalb Stunden lange ● *Rundfahrt auf dem Chiemsee (13 Euro)* anbietet – bei schönem Wetter ein herrlicher Programmpunkt. *Auskunft: Chiemsee-Infocenter (123 D3) (*[*F7*]*) (Felden 10 | Bernau | Tel. 08051 96 55 50 | www.chiemsee-alpenland.de)*

# PRIEN

*(123 D2) ([F7])* **Keine Metropole, aber mit eigener Zugstrecke, Bahnhof, Hafen, betriebsamer Geschäftswelt und 10 000 Ew. eindeutig die wichtigste Stadt am See!**

In Prien und Umgebung können Sie herrlich Ferien machen, denn vom Strandbad über das Heimatmuseum bis hin zum Yachthafen bietet die Gemeinde eine hervorragende touristische Infra-

# PRIEN

Bauernstuben und Landschaftsbilder: alles typisch Chiemgau im Priener Heimatmuseum

struktur. Maßgeblich für Priens Karriere im Fremdenverkehr war der Beginn der Personenschifffahrt nach Herrenchiemsee. Um den Ausflüglern den 2 km langen Weg vom Bahnhof zum Hafen zu ersparen, verkehrt seit 1887 das „Bockerl", eine Dampftrambahn, die als Deutschlands älteste Schmalspurbahn noch heute schnaufend ihre Pflicht tut. Prien ist staatlich anerkannter Luftkurort sowie Oberbayerns einziger Kneippkurort.

## SEHENSWERTES

### GALERIE IM ALTEN RATHAUS

Prien war zwischen 1870 und 1930 eine Künstlerkolonie – kein Wunder bei der Kulisse! Was die Maler auf die Leinwand brachten, ist hier zu sehen. Dazu viele Ausstellungen zeitgenössischer Kunst. *Di–So 12–17 Uhr | Eintritt 5 Euro | Alte Rathausstr. 22 | www.galerie-prien.de*

### HEIMATMUSEUM

Lust, den Chiemsee zu malen? Dann gucken Sie doch erst mal, wie das andere vor Ihnen hinbekommen haben – zu sehen in der Ausstellung „Künstlerlandschaft Chiemsee". Auch schön: Bauernstuben und -garten. *April–Ende Okt. Di–So 14–17 Uhr | Eintritt 2 Euro | Valdagnoplatz 1 | www.kultur-prien.de*

### PFARRKIRCHE MARIÄ HIMMELFAHRT ★

Der Innenraum des spätgotischen Gotteshauses wurde im 18. Jh. von dem Münchner Hofmaler Johann Baptist Zimmermann barock auf Vordermann gebracht: Überbordende Stuckatur bildet den Rahmen für das Deckenfresko zum Thema „Sieg der katholischen Streitmächte vor Lepanto". *Am Marktplatz*

## ESSEN & TRINKEN

### ZUM FISCHER AM SEE

Das Traditionslokal besitzt eine schöne Terrasse mit Fernsicht, auf der fangfrisch all das aufgetragen wird, was die Fischer aus dem See gezogen haben: Renke und Aal, Hecht und Lachsforelle. Geöff-

# RUND UM DEN CHIEMSEE

net 8–23.30 Uhr. Es gibt auch nette Gastzimmer. *Nov.–März Mo/Di geschl. | Harrasser Str. 145 | Tel. 08051 9 07 60 | www.fischeramsee.de | €€*

### KOCHSCHULE THOMAS MÜHLBERGER
Witzigmann-Schüler Thomas Mühlberger gibt in seiner Kochschule nicht nur wertvolles Wissen weiter, er bekocht – wenn keine Kurse stattfinden – auch Gäste, z. B. mit feinem Renkenmatjes oder getrüffelten Nudeln (Küche Mi/Do 10–18, Fr/Sa 10–20 Uhr). *Bernauer Str. 31 | Tel. 08051 96 68 88 | www.kochstdunoch.de | €€€*

## EINKAUFEN

### WEBEREI HÖFER
Im Fabrikverkauf der Breitbrunner Weberei können Hobbyschneider aus über 150 verschiedenen Chiemgauer Trachtenstoffen auswählen. Knöpfe, Spitzen und Bänder gibt es auch. *Mo–Fr 8–12 Uhr, nachmittags nach Voranmeldung | Goethestr. 15 | Tel. 08051 96 74 22 | www.hoefer-stoffe.de*

### WINKLFISCHER
Ob Brotzeit im Strandbad, Picknick im Grünen oder Abendessen auf dem Balkon der Ferienwohnung: Kaum etwas schmeckt dazu so gut wie Dieter Ihms frisch geräucherte Chiemseerenken und -brachsen. Falls Sie es vor lauter Hunger gar nicht mehr aushalten: Ein kleiner Biergarten zum Verzehr vor Ort gehört auch zu den Verkaufsräumen. *Variable Öffnungszeiten je nach Saison/Fang | Forellenweg 28 | Ortsteil Osternach | www.winklfischer.de*

## FREIZEIT & SPORT

### KLETTERWALD PRIEN AM CHIEMSEE
10 000 m² Wald, 100 Jahre alte Bäume und 13 verschiedene Parcours: Der Kletterwald von Prien liegt schön am Seeufer und hat viel zu bieten – für große und kleine Abenteurer. Vierjährige Kindergartenhelden dürfen auf den 1 m hohen „Indianerparcours", während sich ausgewachsene Adrenalinjunkies vom 9 m hohen „Pamper Pole" stürzen. *Juli–Aug.*

---

## MARCO POLO HIGHLIGHTS

### ★ Pfarrkirche Mariä Himmelfahrt
Barocke Pracht aus der Hand Johann Baptist Zimmermanns – die Decke der Kirche in Prien schmückt ein eindrucksvolles Gemälde → S. 34

### ★ Frauenchiemsee
Sogar (oder: erst recht) an einem regnerischen Sommermorgen ist die Chiemseeinsel von betörendem Charme → S. 37

### ★ Herrenchiemsee
Absolutistische Baulust: Das Märchenschloss auf der Insel entstand nach dem großen französischen Vorbild Versailles → S. 38

### ★ Sankt Jakobus
In dem Kircherl in Urschalling sind zahlreiche wertvolle Fresken aus dem Mittelalter erhalten → S. 40

### ★ Altstadt von Trostberg
„Orgelpfeifen" drängen sich zwischen Schlossberg und Alz → S. 40

### ★ Stiftskirche Baumburg
Das Gotteshaus ist der schönste Rokokobau im ganzen Chiemgau → S. 41

### ★ Kloster Seeon
Am Seeoner See verzaubert ein stilles Idyll die Besucher → S. 43

# PRIEN

tgl. 9–20 Uhr, sonst stark variierend | Eintritt 23 Euro | Harrasser Str. | Tel. 08071 103 51 50 | www.kletterwald-prien.de

### PRIENAVERA ERLEBNISBAD
Hier gibt es alles vom Spaßbecken mit Strömungskanal über die 70-m-Tunnelrutsche und das beheizte Außenbecken

18 Uhr | Seestr. 7 | Tel. 08051 44 48 | www.hacienda-prien.de

## ÜBERNACHTEN

### NEUER AM SEE
Gemütlich-moderne Zimmer im Landhaus in Seenähe. Nette, familiäre Lei-

Perfekt für eine Reise ins Blaue: die Eggstätt-Hemhofer Seenplatte

bis zu Tauchkursen und Aquajogging. Dazu: Wellnessbecken (mit Sprudelsitzen, Farblichteffekten, Unterwassermusik) und Sauna. *Mai–Sept. Mo–Fr 10–21, Sa/So 9–21, Okt.–April jeweils bis 22 Uhr, Strandbad (im Sommer) tgl. 9–20 Uhr | Eintritt ab 9,50 Euro | Seestr. 120 | Tel. 08051 60 95 70 | www.prienavera.de*

## AM ABEND

### HACIENDA
Tapas, Cocktails, spanische Weine und dazu Priener Szenegänger. *Mo–Sa ab*

tung, im hauseigenen Café werden herrliche Torten serviert. Frühstück gibt's auch für Gäste, die nicht hier wohnen – bis 20 Uhr! *31 Zi. | Seestr. 104 | Tel. 08051 60 99 60 | www.neuer-am-see.de | €€*

### YACHTHOTEL CHIEMSEE
Eine der besten Adressen am See, direkt am Ufer gelegen. Sport und Wellness stehen im Vordergrund. Das Hotel hat einen Yachthafen und eine eigene Yacht, die „Stella Bavariae" – der Zweimaster ist das größte Segelschiff auf dem Chiemsee. Am schönsten schlafen Sie in

# RUND UM DEN CHIEMSEE

der dreistöckigen Turmsuite. Von deren kleiner 🌿 Rattanbar genießen Sie außerdem einen traumhaften Blick über das Wasser. *102 Zi. | Harrasser Str. 49 | Tel. 08051 69 60 | www.yachthotel.de | €€€*

## AUSKUNFT

*Tourismusbüro (Alte Rathausstr. 11 | Tel. 08051 6 90 50 | www.tourismus.prien.de)*

## ZIELE IN DER UMGEBUNG

### BAD ENDORF (122 C1) (*F6*)

Wellness gefällig? 13 km von Prien entfernt liegt Bayerns jüngstes Heilbad – seine Jodthermalsolequellen sind die stärksten Europas – zwischen Chiemsee, Simssee und Eggstätt-Hemhofer Seenplatte. Ein Bad im Heilwasser schenkt pure Entspannung – erleben Sie es in den ● *Chiemgau-Thermen (tgl. 9–22 Uhr | Eintritt ab 16 Euro | Ströbinger Str. 18 | Tel. 08053 20 09 24 | www.chiemgauthermen.de)*. Zur Anlage gehören auch ein 125 m langer Strömungskanal und eine Saunalandschaft.

Neben seinem Solebewegungsbad hat der bäuerlich-gemütlich wirkende Kurort (8000 Ew.) ein eigenes Volkstheater. Im Ortsteil Antwort steht mit der Filialkirche *Mariä Himmelfahrt* eine der ältesten Wallfahrtskirchen des westlichen Chiemgaus. Am nahen Rinser See gibt's bei *Rinser Natureis (Söchtenau | www.rinser-natureis.de)* frisches Eis aus Milch vom eigenen Bauernhof in der Waffel.

5 km außerhalb von Bad Endorf liegt der Pferdeschutzhof *Gut Immling (Halfing | Tel. 08055 9 03 40 | www.pferdeschutzhof-gutimmling.de)*, wo alte Rösser ihren Lebensabend genießen. Von Juni bis August strömen außerdem Klassikliebhaber auf das Gelände, denn dann findet hier ein bemerkenswertes

**INSIDER TIPP** *Opernfestival (www.gut-immling.de)* statt. *Auskunft: Tourist-Info (Bahnhofsplatz 2 | Tel. 08053 30 08 50 | www.bad-endorf.de)*

### CHIEMSEEPARK FELDEN (123 D3) (*F–G7*)

9 km von Prien entfernt liegt das große Freizeitareal am See. Zum Angebot gehören ein ● kostenloses Strandbad und ein Abenteuerspielplatz, ein Trampolinpark, Beachvolleyballfelder, eine stylishe Beachbar, Massageangebote direkt am Strand und ein Bootsverleih. Für die Stärkung danach begeben Sie sich am besten in *Sallers Badehaus (im Winter Mo geschl. | Rasthausstr. 11 | Tel. 08051 9 66 34 50 | www.sallers-badehaus.de | €€)*, ein auf 250 Holzpfählen erbautes, modernes Wirtshaus mit Biergarten, internationaler Küche und reichlich Rummel.

### INSIDER TIPP EGGSTÄTT-HEMHOFER SEENPLATTE (123 D1–2) (*F6*)

Hartsee, Pelhamer See, Arxtsee, Langbürgner See – nicht weniger als 17 kleine und sehr kleine Seen, 8 bis 15 km westlich des Dorfs Eggstätt (10 km von Prien), bilden die Eggstätt-Hemhofer Seenplatte, ein landschaftlich hinreißendes, durch zahlreiche Wanderwege erschlossenes Erholungsareal und zugleich ökologisch einzigartiges Naturschutzgebiet. Am *Hartsee* gibt es ein Strandbad mit Beachvolleyballplatz und Badeinsel. Im Winter trifft man sich hier zum Schlittschuhlaufen. *www.eggstaett.de*

### FRAUENCHIEMSEE ★ ●
(123 E2) (*G7*)

Romantikalarm! Die nur 11 ha große Insel mit ihren gerade mal 300 Ew. ist eines der malerischsten Fleckchen in ganz Bayern. Und das hat sich herumgesprochen! Deshalb wird es in der Hochsai-

# PRIEN

son manchmal eng auf Frauenchiemsee. Doch wer sich von Gstadt aus mit dem Schiff übersetzen lässt, wird sich der Schönheit der Insel nicht entziehen können. So, wie es schon die Fischer nicht konnten, die hier in vorgeschichtlicher Zeit erstmals siedelten, und auch nicht Bayernherzog Tassilo III., der im 8. Jh. ein Frauenkloster errichten ließ. 100 Jahre später wurde Frauenwörth benediktinisch, und Benediktinerinnen bewohnen das Kloster noch heute. Vieles ist erhalten aus den frühen Zeiten des Konvents, so die karolingische *Torhalle* mit ihrem 1000 Jahre alten Freskenzyklus. Auf romanischen Grundmauern steht das *Münster Frauenwörth* mit gotischem Rippengewölbe (15. Jh.) und barocker Innenausstattung. Der wuchtige, achteckige Kirchturm mit seiner charakteristischen Zwiebelhaube ist ein Wahrzeichen des Chiemgaus. Das Kloster selbst bietet heute spirituelle Einkehr mit Yoga-, Ayurveda- und Tanzseminaren.

Der eigentliche Charme der Fraueninsel aber liegt in ihrem äußerst beschaulichen Alltagstreiben. Ein Spaziergang um die Insel (wer nirgends länger verweilt, benötigt dafür 30 Minuten) zeigt das ganze Idyll: Fischer flicken ihre Netze, die Nonnen verkaufen im *Klosterladen (www.frauenwoerth.de)* ihr in alten Holzmodeln gefertigtes Marzipan. Vor der *Töpferei Klampfleuthner (www.inseltoepferei.de)* trocknen die begehrten Tonschüsseln – das gleiche Bild seit 400 Jahren. Auch hinreißende **INSIDERTIPP** Fischlampen aus Keramik gibt es dort zu kaufen.

Da Frauenchiemsee am schönsten dann ist, wenn abends der letzte Dampfer abgefahren ist, lassen ihn wahre Romantiker ganz unbesorgt ziehen, verspeisen eine Chiemseerenke oder frische Schratzen (Flussbarsche) im Biergarten des *Inselwirts (tgl. | Tel. 08054 630 | www.inselwirt.de | €€)* und bleiben über Nacht, z. B. im *Inselhotel zur Linde (14 Zi. | Tel. 08054 90366 | www.lindefrauenchiemsee.de | €€€)*.

## GSTADT (123 D–E2) (*G6–7*)

Hier am Nordufer (11 km von Prien) haben sich mehr Künstler, aber auch mehr Großkopferte angesiedelt als irgendwo sonst am Chiemsee. Grund genug haben sie ja: einen traumhaften Blick über den See und die Inseln bis weit in die bayerischen und österreichischen Alpen hinein, die kürzeste Schiffsverbindung nach Frauenchiemsee, ferner die am Ortsrand gelegene romanische Kirche *Sankt Petrus* aus dem 12. Jh. Einladend ist das *Landgasthaus Schalchenhof (Mi geschl. | Tel. 08054 230 | www.schalchenhof.de | €€)*, in dem Sie auch hübsch übernachten und sich am hauseigenen Badeplatz vom Steg aus ins Chiemseewasser stürzen können. www.gstadt.de

## HERRENCHIEMSEE ★
(123 D2) (*G7*)

Die Märcheninsel! Die mit ihren 215 ha größte Insel im Chiemsee ist auch eine der größten touristischen Attraktionen im Land. Denn hier hat sich der bayerische „Märchenkönig" Ludwig II. mit einem Schloss verewigt, das nach dem großen Vorbild von Versailles errichtet wurde. Soweit man überhaupt von einem „ganzen" Schloss sprechen kann: 1878 begann der Bau der Residenz, sieben Jahre später beendete Geldmangel die Arbeiten. Das *Neue Schloss Herrenchiemsee (April–Mitte Okt. tgl. 9–18 Uhr, Mitte Okt.–März 9.40–16.15 Uhr | Eintritt für alle Inselmuseen 11 Euro | www.herrenchiemsee.de)* ist unvollendet, aber prachtvoll und lässt hinsichtlich der absolutistischen Wahnvorstellungen seines Erbauers kaum Zweifel aufkommen. Die Innenausstattung blendet mit verschwenderischem Luxus; besonders se-

# RUND UM DEN CHIEMSEE

henswert sind die Spiegelgalerie, das Treppenhaus und das Prunkschlafzimmer. Wenn Sie den Schlossherrn näher kennenlernen wollen, besuchen Sie im Südflügel das *König-Ludwig-II.-Museum*. Auch die Gartenanlagen sind Versailler Vorbildern nachempfunden.

Wer sich von der Dampferanlegestelle her dem Schloss nähert (15 Minuten Fußweg oder Fahrt in einer Pferdekutsche), kommt am sogenannten *Alten Schloss* vorbei – einem ehemaligen Augustinerchorherrenstift, das aus einem im 8. Jh. gegründeten Benediktinerkloster hervorgegangen ist. Zu besichtigen sind der barocke Kaisersaal und die ehemalige Bibliothek. Doch die meisten Besucher eilen achtlos weiter, auch ohne zu ahnen, dass in diesem ehrwürdigen Gemäuer das Grundgerüst der Bundesrepublik Deutschland gezimmert wurde: Hier tagte im Sommer 1948 der „Verfassungskonvent zur Vorbereitung des Grundgesetzes". Heute können Sie im Alten Schloss gediegen essen und im hübschen Café mit Torten und Apfelstrudel sündigen: in der *Schlosswirtschaft Herrenchiemsee (tgl. | Tel. 08051 9 62 76 70 | www.schlosswirtschaft-herrenchiemsee.de | €€)*. Anfahrt per Dampfer von Prien/Stock aus

Nach einem langen Sommertag am Lagerfeuer chillen – ganz lässig im Strandbad Übersee

### ÜBERSEE (123 E3) (*G–H 7–8*)

Die Salzburger Autobahn trennt das Chiemseesüdufer sehr unschön vom Hinterland. Vorteil dieser Straßenführung: Die Moorlandschaft rund um die *Kendlmühlfilzen* blieb in ihrer Gesamtheit erhalten. Das Mündungsgebiet der Tiroler Ache ist sogar Naturschutzgebiet. Im *Naturpavillon Übersee (Hochfellnweg 1 | Tel. 08642 15 51 | www.naturpavillon.de)* können Sie sich über die natürlichen Gegebenheiten des Chiemseeufers informieren und zu ornithologischen Führungen und naturkundlichen Wanderungen aufbrechen – auch für Kinder werden eigens Führungen veranstaltet.

In Übersee (20 km von Prien) lebte der sezessionistische Maler Julius Exter. Sein zum Atelier umgebautes Bauernhaus dient heute als Museum, Galerie und Begegnungsstätte *(Exter-Kunsthaus | bei Ausstellungen April–Sept. Di–So 17–19 Uhr | Blumenweg 5 | Tel. 08642 89 50 83)*. Auf der großen Liegewiese an der Achenmündung findet jedes Jahr im August fünf Tage lang das Musikfestival *Chiemsee Summer (www.chiemsee-summer.de)* mit rund 100 Bands statt. Köstlich essen und schick übernachten können Sie im *Chiemgauhof (16 Zi. | 5 Apartments | Julius-Exter-Promenade 21 | Tel. 08642 8 98 70 | www.chiemgauhof.com | €€€, Küche €€)* direkt am langen Sandstrand. Von der **INSIDER TIPP** *Sundowner Bar* am Wasser gibt's den besten Sonnenuntergangsblick Oberbayerns. *www.uebersee.com*

### URSCHALLING (123 D3) *(M F7)*

Klein, aber oho: Das spätromanische Kirchlein ★ *Sankt Jakobus* im Dorf Urschalling (3 km südlich von Prien) ist wegen seiner fast vollständig erhaltenen Fresken aus dem 14. Jh. eine der eindrucksvollsten Sehenswürdigkeiten des Chiemgaus. Fast der gesamte Innenraum ist mit einfachen Bibelmotiven ausgemalt. Die Kunstwerke zeigen u. a. den Sündenfall, Szenen aus dem Marienleben und der Passion Christi, Heilige und Gestalten des Alten Testaments. Malerisch geht es auch im benachbarten Wirtshaus zu: In der *Mesner Stub'n (Mo–Do geschl. | Tel. 08051 39 71 | www.mesnerstubn.de | €)* sammelt sich um Wirt Simmerl eine Mischung aus Einheimischen, aufgebrezelten Szenebayern und Touristen zu Bier und Brotzeit.

# TROSTBERG

(119 F5) *(M H4–5)* **Trostberg (4000 Ew.) bietet ein romantisches Bild mittelalterlicher Stadtkultur, das es im Chiemgau sonst nirgends gibt.**

Das gotische Stadtbild mit den zwischen Alztal und Berghang gezwängten Häusern ist berückend, die Nähe zur Inn-Salzach-Region architektonisch deutlich zu spüren.

## SEHENSWERTES

### ALTSTADT ★

Die Altstadt besteht mehr oder weniger aus einer langen und sehr engen Häuserzeile. Mehr Platz war eben nicht zwischen Alz und Schlossberg, an den man sich Schutz suchend drängte. Den besten Eindruck der Trostberger Bauweise vermittelt der Blick von jenseits der Alz: Man sieht die gotischen Bürgerhäuser von hinten, verschieden breit, des Berghangs wegen unterschiedlich hoch und im Gesamtarrangement von malerischer Unbekümmertheit. „Trostberger Orgel" haben die Einheimischen das bunte Auf und Ab treffend genannt.

### PFARRKIRCHE SANKT ANDREAS

Die spätgotische Pfarrkirche beherrscht das Ortsbild; ihre dreischiffige Halle ist unverfälscht erhalten. Sehenswert: der spätgotische Taufstein und die Grabdenkmäler, davon gleich drei für den Ritter Hanns Herzhaimer, einen großen Gönner der Stadt. *Vormarkt 22*

### STADTMUSEUM

Bauernküchen, Biedermeiersalons und 50er-Jahre-Wohnzimmer – der Ausflug in vergangene Wohnwelten macht richtig Spaß. Es gibt auch eine schöne Sammlung an handgemalten alten Schützen-

# RUND UM DEN CHIEMSEE

scheiben. *Nur mit Führung So 14 Uhr | Eintritt 3 Euro | Schedling 7*

### ESSEN & TRINKEN

#### CAFÉ SCHÖNE HELENE
Süße Einrichtung, köstliche Torten, mittags was Warmes, ein charmanter Aussichtsbalkon und hin und wieder abendliches Musikprogramm – perfekt! *Mo geschl. | Hauptstr. 16–18 | Tel. 08621 9 75 20 71 | €*

### ÜBERNACHTEN

#### TURM ZU SCHLOSS SCHEDLING
Originell sind die Ferienwohnungen im nagelneuen, aber sehr historisch wirkenden „Schlossturm". Und mit Regendusche und Fußbodenheizung höchst komfortabel. *6 Apartments | Schedling 5 | Tel. mobil 0152 23 96 02 60 | www.schloss-schedling.de | €€€*

### AUSKUNFT

*Stadtverwaltung (Rathaus | Hauptstr. 24 | Tel. 08621 80 10 | www.trostberg.de)*

### ZIELE IN DER UMGEBUNG

#### ALTENMARKT (119 F5–6) (*H5*)
Wo der Fluss Alz mit der Traun zusammenfließt – zuvor tobt er sich in einem Wasserfall aus –, liegt der Ort Altenmarkt (3600 Ew., 2 km von Trostberg). Das stille Städtchen wird überragt von der ★ *Stiftskirche Baumburg* (Sankt Margarethen), der weithin sichtbaren Kirche des ehemaligen Augustinerchorherrenstifts. Der größte und schönste Rokokobau des Chiemgaus ist von äußerlicher Schlichtheit, bezaubert im Inneren aber mit Wessobrunner Stuck, fein geschnitztem Chorgestühl und dem mit überlebensgroßen Heiligenfiguren

Außen schlicht und innen prächtig: Stiftskirche Baumburg in Altenmarkt

geschmückten Hochaltar. Beste Einkehr finden Sie gleich neben der Stiftskirche im – ebenfalls nur äußerlich schlichten – *Bräustüberl (tgl. | Tel. 08621 51 55 | €€)*, wo das Baumburger Klosterbräubier ausgeschenkt wird und sich Chefin „Mausi" Schuhbeck mit den Mehlspeisen (Topfen- oder Powidlknödel) regelmäßig selbst übertrifft. Der Club *Café Libella (Fr/Sa ab 22 Uhr | Trostberger Str. 6 | Tel. 08621 48 15 | www.cafe-libella.de)*, eine der besten Adressen für Independentsound in Oberbayern, wird von Nachteulen sogar aus München angefahren.

#### INSIDER TIPP ▸ DAS MAXIMUM ●
**(120 A6) (*J5*)**
Im an sich wenig attraktiven Industriestädtchen Traunreut (12 km von Trost-

# TROSTBERG

berg) hat Kunsthändler Heiner Friedrich ein tolles Museum zeitgenössischer Kunst eröffnet: Werke von Andy Warhol, Uwe Lausen, Georg Baselitz oder Dan Flavin werden hier auf viel Raum präsentiert. *Jan.–Ende März Sa/So 11–16, Ende März–Ende Okt. 12–18 Uhr | Eintritt 8 Euro | Fridtjof-Nansen-Str. 16 | www.dasmaximum.com*

**SEEBRUCK** (123 E1) *(M G6)*
Der hübsche Ferienort (5500 Ew., 13 km von Trostberg) am Nordufer des Chiemsees ist bei Wassersportlern sehr beliebt: Sein Yachthafen ist mit 500 Liegeplätzen einer der größten in Bayern. Die Gegend gehört außerdem zu den besterforschten Römerorten in Bayern. Über 500 Fundstücke wurden im *Römer-*

Zauberhafte Zwiebeltürme: Kloster Seeon. Im See kann man übrigens baden!

**RABENDEN** (119 E5) *(M G5)*
Wer er war, weiß man bis heute nicht. Doch der „Meister von Rabenden" zählt zu den bedeutendsten Schnitzern der Spätgotik. Im Dorfkirchlein *Sankt Jakob* von Rabenden (7 km von Trostberg) hat er sich Anfang des 16. Jhs. mit einem wunderschönen Flügelaltar unsterblich gemacht. Die dominierenden Gestalten sind der hl. Jakobus und die Apostel Simon und Thaddäus. In der Pfarrkirche des nahen Orts *Obing* gibt es drei weitere Figuren des Meisters von Rabenden zu bewundern.

*museum Bedaium (stark variierende Öffnungszeiten | Eintritt 4 Euro | Römerstr. 3 | roemermuseum-bedaium.byseum.de)* zusammengetragen. Neben Mauerresten des alten Kastells sind römische und keltische Ausgrabungsstücke aus dem ganzen Chiemgau zu sehen. Auf dem 25 km langen ● *Archäologischen Rundweg* können Sie Zeugnisse der Vergangenheit auch mit dem Fahrrad besuchen. Kontrastprogramm gefällig? Gegenüber dem Bedaium ist in der *Heinrich-Kirchner-Galerie (Juni–Sept. Di–Sa 10–16, So 13–17 Uhr | Eintritt frei | Römerstr. 5)* zeitgenössische

# RUND UM DEN CHIEMSEE

Kunst zu sehen: die Plastiken des Künstlers und Akademieprofessors, der auf dem Fischerhof in Pavolding lebte.

Wer dachte, in Bayern gäbe es nur "Helles", wird von der Craftbrauerei *Camba (Mi/Do 15–23, Fr–So 11–21 Uhr | Mühlweg 2 | Tel. 08667 809466 | www. camba-bavaria.de)* in Truchtlaching eines Besseren belehrt. 15 Biere gibt's in der "Biererlebniswelt" vom Fass (darunter Doppelbock-Bourbon und Azacca Pale Ale), dazu Brotzeiten. Außerdem Verkostungen und Brauereiführungen. Eine charmante Bleibe finden Sie im *Hotel Malerwinkel (20 Zi. | Lambach 23 | Tel. 08667 88800 | www.hotelmalerwinkel. de | €€)*, elegant ist das *Hotel Gut Ising (103 Zi. | Tel. 08667 790 | www.gut-ising. de | €€€)* südlich von Seebruck mit seinem Reitsportzentrum. Östlich von Seebruck können Sie auf zwei Plätzen im sehr schön gelegenen *Golfclub Chieming (Kötzing 1 | Chieming | Tel. 08669 87330 | www.golfchieming.de)* 18 oder neun Löcher spielen. *www.seeon-seebruck.de*

### KLOSTER SEEON ★ (119 E6) (*M* G5)

Dass das Benediktinerkloster (8 km von Trostberg) bei seiner Gründung vor über 1000 Jahren auf einer Insel im *Seeoner See* stand, lässt sich heute nur noch erahnen, denn die Verlandung hat die Insel zur Halbinsel gemacht. Erhalten geblieben sind die zweitürmige Kirche *Sankt Lambert,* ein schlichter Kreuzgang mit gotischen Gewölben und der weltabgeschiedene, stille Charme des Ensembles, dem schon Wolfgang Amadeus Mozart verfiel. Kirche, See und Holzsteg geben ein Idyll ab, wie man zauberhafter so schnell keines finden wird. Das im Kloster untergebrachte *Kultur- und Bildungszentrum Oberbayerns* richtet emsig Ausstellungen und sehr schöne Konzerte aus. Nach dem Rundgang können Sie im ☼ *Waltenbergstüberl (tgl. 11–18 Uhr | Waltenbergweg 3 | Tel. 08624 4157 | €)* zu Apfelkücherl oder Kasnudeln einen herrlichen Blick über Kloster und See genießen. *www.kloster-seeon.de*

### TRAUNSTEIN (124 A2) (*M* J7)

Mit knapp 20000 Ew. ist Traunstein das pulsierende Wirtschaftszentrum des Chiemgaus. Nach mehreren Großbränden – der letzte wütete 1851 – zeigt sich die Stadt modern, aber mit altbaierischem Charme. Sehenswert sind *Stadtplatz* und *Taubenmarkt* mit ihren malerischen Häuserzeilen. Im *Heimathaus (April–Okt. Di–Sa 10–15, So 10–16 Uhr | Eintritt 3 Euro | Stadtplatz 2–3)* wird u. a. eine hübsche Spielzeugsammlung gezeigt. Burger, Steaks, Salate und Cocktails in coolem Industrieschick-Ambiente gibt es im *Leonrod (Mo/Di geschl., sonst ab 17 Uhr | St.-Oswald-Str. 4 | Tel. 0861 2546 | www.leonrod.com | €€). www. traunstein.de*

## LOW BUDGET

*Neues Schloss Herrenchiemsee* (s. S. 38): Bei den spannenden Kinderführungen (2 Euro) im Sommer ist der Eintritt ins Schloss gratis.

*Vogelschau am Chiemsee:* An Naturerlebnisstationen rund um den See führen Ornithologen kostenlose Vogelbeobachtungen durch. *Chiemsee-Infocenter* (s. S. 33)

*Chiemsee Outlet Store Bernau (Theodor-Sanne-Str. 6 | Bernau | www. chiemsee.com):* Die lässigen Sport- und Freizeitklamotten des oberbayerischen Labels Chiemsee kauft man hier besonders günstig.

# CHIEMGAUER ALPEN

**Südlich des Sees erheben sie sich unvermittelt gen Himmel: die Chiemgauer Berge. Sie bilden hier den Abschluss der weiten, flachen Chiemseelandschaft.**

Obwohl ihrer Erscheinung das Hochdramatische und jegliche Extreme fehlen, ragen sie doch recht eindrucksvoll in die Höhe. Die prominentesten Gipfel der Chiemgauer Alpen sind die weithin sichtbare, 1664 m hohe Kampenwand (mit dem größten Gipfelkreuz Bayerns!) und ihr Nachbarberg, der Geigelstein (1808 m).

Eine Bergwelt, die unzählige Möglichkeiten zum Wandern, Bergsteigen, Klettern und Biken bietet. Sie wollen mit dem Gleitschirm abheben? Dann finden Sie in den Chiemgauer Alpen perfekte Segelbedingungen. Fußmüde Gipfelstürmer können übrigens reichlich Aufstiegshilfen in Form von Gipfelbahnen in Anspruch nehmen.

# ASCHAU

(122–123 C–D4) (*F8*) **Bei Aschau (4500 Ew.) bahnt sich eilig sprudelnd und mitunter auch ziemlich kurvenreich das Flüsschen Prien seinen Weg von der Tiroler Quelle nach Norden zum See.**

Dort, wo sich das schmale Priental in den Chiemgau öffnet, liegt zu Füßen der Kampenwand dieses alte, schöne Bauerndorf, das mit Schloss Hohenaschau und der zweitürmigen, bayerisch-barocken Pfarrkirche zwei weithin sichtbare Wahrzeichen besitzt.

Bild: Blick von der Kampenwand

**Ski fahren oder wandern, rodeln oder radeln: Die Gebirgswelt südlich des Chiemsees kann jeder Besucher auf seine Weise erobern**

## SEHENSWERTES

### PFARRKIRCHE SANKT MARIA
Kaum zu glauben, dass diese so heitere, üppige Kirche schon im 15. Jh. errichtet wurde – als gotischer, zweischiffiger Bau. Seiner Barockisierung ist der mit prachtvoller Stuckatur versehene Innenraum zu verdanken, in dem ein mächtiges Deckenfresko von Balthasar Mang, aufwendig geschnitzte Rokoko-Beichtstühle und eine weiß-goldene Kanzel um die Wette strahlen. *Kirchplatz 3*

### SCHLOSS HOHENASCHAU
Groß, imposant und wunderbar erhalten, bewacht es von seiner isolierten Lage auf einem bewaldeten Felsrücken aus den Eingang des Prientals: Schloss Hohenaschau, eine der bedeutenden Höhenburgen Oberbayerns. Der älteste Teil der Anlage besteht aus der mittelalterlichen Ringmauer und dem Bergfried (12. Jh.), sein heutiges Gesicht erhielt das Schloss vor allem im Hochbarock. Zu den Highlights einer Führung zählen die Schlosskapelle (Altarbilder von Johann Baptist

# ASCHAU

Zimmermann), der monumentale Ahnensaal und der Laubensaal. *Führungen Mai–Okt. Di, Do, So 13.30, 15, Mi, Fr 10, 11.30 Uhr, Kinder- und Familienführung „Wilde Ritter und freche Feen" (Treffpunkt am Festhallenparkplatz) Juli–Sept. So 13.30 Uhr | Eintritt 5 Euro*

### EINKAUFEN

#### BUCH UND CAFÉ ●
Jede Menge schöne Ferienbelletristik bietet Heide Taube in ihrer Café-Buchhandlung an. Aber auch bei Kinder- und Jugendbüchern ist ihr Laden bestens sor-

Über dem Priental thront Schloss Hohenaschau mit seinen prachtvollen Sälen

### ESSEN & TRINKEN

#### RESIDENZ HEINZ WINKLER ★
Heinz Winkler hat sich einen Traum erfüllt und die traditionsreiche Aschauer *Post* zu neuem Leben erweckt. In seinem Restaurant serviert er „Cuisine Vitale". Luxus wird hier höchst genießerisch zelebriert! In ● Kochkursen, zu denen viel gutes Essen und eine Übernachtung gehören, gewährt der Gastgeber Einblick in seine Kunst. *Tgl. | Kirchplatz 1 | Tel. 08052 179 90 | www.residenz-heinz-winkler.de | €€€*

tiert. Damit Sie die frisch erworbene Lektüre gleich gemütlich anlesen können, bekommen Sie Kaffee und hausgemachten Kuchen dazu serviert. *Bahnhofstr. 11*

#### INSIDER TIPP ▸ METZGEREI ANGERMANN
Hier gibt es die köstlichsten Würste weit und breit – besonders fein ist die „Kampenwand-Salami mit Walnüssen" –, dazu Fleisch vom Weidelamm, Milchkalb und Ochsen. Ein Glück, dass die Angermanns auch ein kleines Bistro eingerichtet haben, in dem Sie sich von der vielfach prämierten Qualität überzeugen können,

# CHIEMGAUER ALPEN

ohne selbst kochen zu müssen. *Schulstr. 2 | www.metzgerei-angermann.de*

### PRIENTALER BERGBAUERNLADEN
Garantiert aus der Region: frisches Obst und Gemüse, Käse und Schaffleisch, Kuchen und Marmeladen, vieles davon aus biologischer Produktion. *Fr 9–16 Uhr | Hans-Clarin-Platz 3 | www.prientaler-bergbauernladen.de*

## FREIZEIT & SPORT

Im Winter warten auf Aktivurlauber 15 km Pisten rund um die Kampenwand. Dazu gehören eine Snowtubingbahn, Sprungschanzen und Loipen sowie eine Natureislaufbahn und eine Rodelbahn. Im Sommer gibt es die **INSIDER TIPP** *Kneippanlage im Kurpark* und eine besondere Bademöglichkeit: das *Natur-Moorschwimmbad (Mitte Mai–Mitte Sept. tgl. 9–19 Uhr | Eintritt 3 Euro | Höhenberg 1 | Tel. 08052 55 06)*. Wer lieber im Chiemsee baden will, nimmt einfach den Linienbus nach Bernau – für Besitzer der Gästekarte ist er sogar umsonst. Zahlreiche *Sommerführungen (Anmeldung bei der Tourist-Info)* hat sich der Aschauer Tourismusverband einfallen lassen. Auf der – auch in Gebärdensprache angebotenen – Tour „Durchs Hollywood der Bayerischen Alpen" besichtigen Sie Drehorte aus Film- und TV-Produktionen, wie etwa die Residenz Heinz Winkler oder das Dorf Sachrang.

### SOMMERAKADEMIE HOHENASCHAU
Wer hier keine Inspiration findet, ist selbst schuld! Im herrlichen Ambiente einer alten Villa mit großem Park leiten renommierte Künstler Mal- und Zeichenkurse in allen Techniken. *Kurswoche ohne Unterkunft ab 469 Euro | Cramer-Klett-Str. 15 | Tel. 0234 9 76 18 90 | www.sommerakademie-hohenaschau.de*

## AM ABEND

### EISKELLER
Cooler Club am Fuß des Schlossbergs mit Bar, Disko und Kabarett. Legendär ist die jährliche Beachparty am Seeufer! *Sa ab 23 Uhr | Schlossbergstr. 5 | Tel. 08035 9 03 40 | www.eiskeller.club*

## ÜBERNACHTEN

### INSIDER TIPP BERGE
Dass urig und modern großartig zusammenpassen können, beweist Designer Nils Holger Moormann mit dieser zu 16 Ferienwohnungen umgebauten „Jugendher-Berge". Die perfekte Adresse für Ästheten mit Sinn für Humor. *Kampenwandstr. 85 | Tel. 08052 90 45 17 | www.moormann-berge.de | €€€*

## AUSKUNFT

*Tourist-Info (Kampenwandstr. 38 | Tel. 08052 9 04 90 | www.aschau.de)*

---

**MARCO POLO HIGHLIGHTS**

★ **Residenz Heinz Winkler**
Die anerkannt beste Küche des Voralpenlands trägt Starkoch Winkler in seinem Restaurant in Aschau auf → S. 46

★ **Kampenwand**
Vom oberbayerischen Kultberg haben Sie eine großartige Fernsicht. Und mit der Bergbahn sind Sie ruckzuck oben → S. 48

★ **Streichenkapelle**
Entscheiden Sie selbst, was beeindruckender ist: die Aussicht auf die Berge ringsum oder die Kunstwerke im Innern → S. 55

47

# ASCHAU

## ZIELE IN DER UMGEBUNG

### FRASDORF (122 C3) (*F8*)

Im 5 km von Aschau entfernten Frasdorf (2900 Ew.) ist die *Wallfahrtskirche Sankt Florian* mit ihrem schönen spätgotischen Flügelaltar einen Besuch wert. Auch die

Ohne Bergstiefel geht gar nichts: der gezackte Gipfel der Kampenwand

Gastronomie im Dorf kann sich sehen lassen: Die feine Regionalküche im *Landgasthof Karner (tgl. | Nussbaumstr. 6 | Tel. 08052 179 70 | www.landgasthof-karner.com / €€)* wird bis nach München gelobt; 35 gemütliche und komfortable Zimmer und ein feiner Wellnessbereich runden das Angebot ab. Im nahen Oberacherting stellt die INSIDER TIPP *Schnapsbrennerei Guggenbichler (Oberacherting 1 | www.chiemsee-edelbrand.de)* ihre wunderbaren, hocharomatischen Edelbrände aus Schlehe, Vogelbeere, Mirabelle und anderen Früchten her. *www.frasdorf.de*

### KAMPENWAND ★ ●
(123 D4) (*F8*)

„Wann i mit meiner Wamp'n kannt", heißt es sehr anschaulich in einem beliebten bayerischen Schüttelreim, „dann gangat i auf die Kampenwand." Dafür, dass auch beleibtere Existenzen problemlos auf den charakteristischsten aller Chiemgauberge (1664 m, 3 km von Aschau) gelangen können, sorgt die Kampenwandbahn, die es in nur 14 Minuten bis fast ganz oben schafft. Der zackige Gipfelkamm und damit die schönste Aussicht über See, Chiemgau und Wilden Kaiser im Süden bleibt trittsicheren Bergsteigern vorbehalten. Im Winter ist die Kampenwand ihrer Skiabfahrten wegen beliebt. *www.kampenwand.de*

### SACHRANG (122 C5) (*E9*)

Dass Tirol nicht mehr fern ist, können Sie im gemütlichen Grenzdorf Sachrang (700 Ew., 12 km von Aschau) schon an den wuchtigen, kleinfenstrigen Bauernhäusern erkennen. Seine im Vergleich zu seiner Größe beachtliche Prominenz verdankt Sachrang weniger der hochbarocken *Pfarrkirche Sankt Michael* (von 1685, mit schönem Friedhof) als dem Unikum Müllner-Peter, einem Komponisten, Laienarzt und „Universalgelehrten", der hier bis zu seinem Tod 1843 lebte. Im ehemaligen Schulhaus wurde das *Müllner-Peter-Museum (Mai–Okt. Mi 10.30–12.30, Do, Sa/So 14–17 Uhr | Eintritt 3 Euro | Schulstr. 3)* mit zahlreichen Reminiszenzen an sein Leben eingerichtet. Dazu gehört ein Heilkräutergarten. Sachrang ist auch Ausgangspunkt für Bergtouren auf den *Geigelstein* mit seiner üppigen Flora und auf die *Hochries*. *Auskunft: Tourist-Info (Dorfstr. 20 | Tel. 08057 90 97 37 | www.aschau.de)*

## CHIEMGAUER ALPEN

# GRASSAU

(123 E4) (*G8*) **Profifußballer können nicht irren! Viele Bundesligaclubs halten ihre Trainingslager in Grassau (5500 Ew.) ab.**

Das liegt sicher nicht nur am top gepflegten Fußballplatz, sondern auch an der herrlichen Lage im weiten Achental, dem Moorgebiet Kendlmühlfilzen und dem schönen, bayerischen Ortskern. Zudem macht das Dorf durch zahlreiche Angebote für Jogger und Nordic Walker auf sich aufmerksam. Es ist einer von wenigen Orten, dessen Nordic-Walking-Strecken vom Deutschen Skiverband zertifiziert sind. Zu den Höhepunkten des dörflichen Lebens gehört der *Michaelimarkt* am letzten Samstag im September.

### SEHENSWERTES

**MUSEUM SALZ & MOOR**

In der ehemaligen Pumpstation erfährt man Spannendes über die Geschichte der Soleleitungen zwischen dem Reichenhaller Salzbergwerk und Rosenheim, wo das Salz hergestellt wurde. Nettes Museumscafé! *Mai–Okt. Di–So 11–17 Uhr | Eintritt 4 Euro | Klaushäusl 1*

### ESSEN & TRINKEN

**HOTEL GASTHOF SPERRER**

In der Dorfwirtschaft wird bayerisch-bürgerliche Küche serviert. Gepflegte Gästezimmer gibt es im Neubau nebenan. *Mo geschl. | Ortenburger Str. 5 | Tel. 08641 20 11 | www.hotel-sperrer.de | €*

### FREIZEIT & SPORT

**ALPENSEGELFLUGSCHULE DASSU**

Wenn Sie den Chiemgau mal von oben bewundern möchten, können Sie hier Wochenkurse in Segelfliegen oder Motorsegeln absolvieren. Eine gute Idee sind die Schnuppertage für 115 Euro. *Streichenweg 40 | Unterwössen | Tel. 08641 69 87 87 | www.dassu.de*

### ÜBERNACHTEN

**DONAUERHOF**

Der Familienferienbauernhof mit vier komfortablen Apartments liegt bei Marquartstein in schönster Natur. Zur Hofgesellschaft gehören auch Esel, Ziegen und Katzen. *Donau 1 | Marquartstein | 3 km südlich von Grassau | Tel. 08641 88 37 | www.donauerhof.de | €*

**INSIDER TIPP GROSSRACHLHOF**

Ferienwohnungen im wunderschönen alten Erbhof, herrlich ruhig im Grünen. Fa-

## LOW BUDG€T

*Pfarrkirche Sankt Pankratius (Reit im Winkl | Besuch nach Anmeldung unter Tel. 08640 9 75 20):* Es lohnt sich, in den Glockenturm hochzukraxeln, denn im Kirchenspeicher gibt es 270 sakrale Exponate zu bewundern, darunter kostbare alte Messgewänder und Karfreitagsratschen – gratis!

*Vita Alpina* (s. S. 53): Der frühe Schwimmer kriegt den Rabatt! Von 7 bis 9 Uhr kostet der Eintritt ins Freibad (u. a. ins 50-m-Sportbecken) nur 1,60 Euro.

*Freizeitpark Ruhpolding (tgl. 9–18 Uhr | Vorderbrand 7 | Tel. 08663 14 13 | www.freizeitpark.by):* Geburtstagskinder – auch die großen – zahlen keinen Eintritt!

milie Sichler bietet auf ihrem in ökologischer Bauweise errichteten Biobauernhof mit Alm zudem einen Streichelzoo und sogar eine eigene Schnapsbrennerei! *10 Apartments | Großrachl 1 | Tel. 08641 15 20 | www.grossrachlhof.de | €*

## AUSKUNFT

*Tourist-Info (Kirchplatz 3 | Tel. 08641 69 79 60 | www.grassau.de)*

# REIT IM WINKL

**(123 E5) (*G9–10*) In dem typisch oberbayerischen Bilderbuchdorf Reit im Winkl (2600 Ew.) dreht sich alles ums gute Klima.**
Denn das Gebirgsdorf, aus dem die ehemalige Skirennläuferin Rosi Mittermaier stammt, ist nicht nur anerkannter Luftkurort, sondern gilt auch als einer der schneereichsten und schneesichersten Orte ganz Deutschlands.

## SEHENSWERTES

### HAUSENHÄUSL
So also lebte früher ein Taglöhner – mit einer gemütlichen Kuchl, Schlafkammer, guter Stube und dem ordentlich geschichteten Kaminholz auf dem Balkon. Liebevoll gemachtes Heimatmuseum mit romantischer Note. *Juni–Sept. Fr 14–16 Uhr | Eintritt frei | Weitseestr. 11*

## ESSEN & TRINKEN

### LANDGASTHOF GLAPFHOF
Hierher lockt nicht nur die schöne Aussicht hoch über dem Dorf, sondern auch die gutbürgerliche Küche. Rustikales Ambiente, abends oft Hüttengaudi. *Do geschl. | Birnbacherstr. 27 | Tel. 08640 50 13 | www.glapfhof.de | €€*

### KLAUSERS CAFÉ-RESTAURANT
Nachmittags gibt es Kuchen, abends feine internationale Küche aus der Hand von Patron Wolfgang Klauser. In Gerichten wie Kalbskopfcarpaccio mit Roter Bete und Meerrettich verbindet er Bayerisches sehr gekonnt mit Mediterranem. *Mo/Di geschl. | Birnbacherstr. 8 | Tel. 08640 84 24 | www.klausers.de | €€€*

## AM ABEND

### MILCHBAR
Für das Après-Ski höchst beliebtes „Brotzeitstüberl", in dem sich aber auch Einheimische treffen – zu Milchshakes und Cocktails, köstlichen Spinatknödeln und manchmal Livemusik. *Di–So 10–2 Uhr | Rathausplatz 5 | Tel. 08640 83 25*

## ÜBERNACHTEN

### GÄSTEHAUS NUIHAUSA
Die gemütliche Frühstückspension liegt mitten im Ortskern. Zum großen Wellnessangebot gehören eine Sauna, Massagen und ein Barfußparcours im schönen Garten. *12 Zi. | Dorfstr. 9 | Tel. 08640 8164 | www.nuihausa.de | €*

### GUT STEINBACH
Das Hotel präsentiert sich als überaus komfortable Ferienadresse mit angeschlossenem INSIDER TIPP „Chalet-Dorf". Hübsche Designelemente und das schöne Spa sorgen ebenfalls für gute Laune. *57 Zi. | Steinbachweg 10 | Tel. 08640 80 70 | www.gutsteinbach.de | €€€*

## AUSKUNFT

*Tourist-Info Reit im Winkl (Dorfstr. 38 | Tel. 08640 8 00 20 | www.reitimwinkl.de)*

# CHIEMGAUER ALPEN

Prima Klima in den Bergen: Reit im Winkl, ein rundherum schönes Urlaubsdorf

## ZIEL IN DER UMGEBUNG

**NATURSCHUTZGEBIET CHIEMGAUER ALPEN** (124 A–B 4–5) (*H–K 8–9*)
Zu Fuß oder mit der Pferdekutsche zu erreichen: Das 95 km² große Naturschutzgebiet (10 km von Reit im Winkl), begrenzt von *Sonntagshorn* und *Rauschberg*, erstreckt sich bis nach Ruhpolding und Bad Reichenhall – eine Gegend von stiller, herber Schönheit. Zu den Attraktionen zählen ein Wasserfall namens *Staubfall* und vier Seen, darunter der *Weitsee,* dessen Wasser Trinkwasserqualität hat. Sportliche Bergwanderer gelangen vom Weitsee aus in vier Stunden (gesamte Wanderung mit Pause) auf den markanten Felsgipfel der 1684 m hohen *Hörndlwand,* der durch einen gekennzeichneten Steig erschlossen ist.

# RUHPOLDING

(124 A–B4) (*J8*) **Der wohl bekannteste Ferienort in den Chiemgauer Al-** pen ist Ruhpolding (6500 Ew.). Seit den 1930er-Jahren hat sich das Dorf an der Weißen Traun dem preiswerten Massentourismus verschrieben – das hat seine Spuren hinterlassen.

Positiv formuliert: Die touristische Infrastruktur ist hervorragend! Vor beinahe schon hochalpiner Kulisse (Rauschberg, Sonntagshorn, Loferer Steinberge) warten ein Wellenhallenbad und ein Märchenpark, Diskos und Töpferkurse, ein Autoverleih und mehr als 6000 Gästebetten.

## SEHENSWERTES

Im Ruhpoldinger „Zentrum" steht immer noch eine Reihe schöner alter Bauernhöfe und Holzhäuser.

### HAMMERSCHMIEDEMUSEUM

Die Ruhpoldinger Glockenschmiede ist über 350 Jahre alt, die damals verwendete Technik ist – funktionstüchtig! – erhalten geblieben. Zu sehen sind die Werkstatt mit Wasserrädern, mehrere

# RUHPOLDING

Wunderbares Rokoko: Pfarrkirche Sankt Georg in Ruhpolding

Essen, Fallhämmer und ein wasserbetriebener Blasebalg. *Mitte Mai–Okt. Di–Fr 10–16 Uhr | Eintritt 4,50 Euro | Haßlberg 6 | Ortsteil Vorderbrand*

### PFARRKIRCHE SANKT GEORG

Das Rokoko-Gotteshaus gilt als eine der bedeutendsten oberbayerischen Dorfkirchen, und zwar nicht nur wegen der wunderschönen spätromanischen „Ruhpoldinger Madonna" aus der Zeit um 1230. Die Pläne für die Kirche lieferte der Münchner Hofbaumeister Johann Baptist Gunetzrhainer, gebaut wurde sie 1738–57.

## ESSEN & TRINKEN

### GILLITZER'S

Liebevoller als hier wird die **INSIDER TIPP** Teestunde nicht mal im Londoner Ritz zelebriert! Aber auch sonst schmeckt es in dem schick designten Hotelrestaurant. Gepflegte bayerische Küche, auch für Vegetarier. Montags Kaiserschmarrntag! *Di geschl. | Hauptstr. 48 | Tel. 08663 41 73 87 0 | www.wittelsbach.eu | €€*

### WINDBEUTELGRÄFIN

In origineller Einrichtung werden hier die weithin gefeierten Windbeutelspezialitäten serviert. *Mo geschl. | Brander Str. 23 | Tel. 08663 16 85 | www.windbeutelgraefin.de*

## FREIZEIT & SPORT

Ruhpolding besitzt 250 km Wanderwege, drei erfreulich warme Gebirgsseen, eine Schule für Drachen- und Gleitschirmflieger, ein Fitnesszentrum und Reiterhöfe, Schwimmbäder, ein Biathlonzentrum sowie im Winter mehr als 150 km Langlaufloipen und zahlreiche Skilifte. Im

# CHIEMGAUER ALPEN

Ortsteil Zell liegt der 🟢 *Golfclub Ruhpolding (Tel. 08663 24 61 | www.golfclub-ruhpolding.de)* mit einem 18-Loch-Platz, der unter Berücksichtigung ökologischer Gesichtspunkte angelegt wurde.

### VITA ALPINA

Ein Hallenbad mit Meeresbrandung – mitten in den Alpen! Dazu gehören eine 76-m-Rutsche, verschiedene Saunen, ein Heukachelofen, ein Aromabad und zwei große Außenbecken. *Tgl. 9–21 Uhr | Eintritt ab 11 Euro | Brander Str. 1 | Tel. 08663 4 19 90 | www.vita-alpina.de*

## ÜBERNACHTEN

### ALTE SÄGE

Genau die richtige Mischung aus altem Gemäuer, modernem Holz und einer Prise Design. Plus herzliche Gastfreundschaft! *Miesenbacher Str. 8 | Tel. mobil 0152 59 10 80 62 | www.altesaege.com | €*

### LANDHOTEL MAIERGSCHWENDT

Abseits vom Rummel, in sehr schöner Lage, und mehr noch: Der Anbau, das 🟢 „Biohaus", wurde mit schadstoffarmen Materialien errichtet. *25 Zi. | Maiergschwendt 1 | Tel. 08663 8 81 50 | www.landhotel-maiergschwendt.de | €€*

## AUSKUNFT

*Tourist-Information Ruhpolding (Bahnhofstr. 8 | Tel. 08663 8 80 60 | www.ruhpolding.de)*

## ZIELE IN DER UMGEBUNG

### INZELL (124 B–C4) (*K8*)

Freundlich wirkt der im geschützten Talkessel der Roten Traun gelegene Ferienort (3650 Ew., 9 km von Ruhpolding). Sein weltweites Renommee verdankt er seinem Kunsteisstadion, auf dessen 400-m-Bahn schon viele Rekorde aufgestellt wurden. Im Sommer dient die Bahn zum Rollschuhlaufen.

Was Inzell sonst noch zu bieten hat: die hübsche *Pfarrkirche Sankt Michael* mit drei Rokoaltären, einen schönen Spaziergang nach *Adlgaß* – wo mit *Sankt Nikolaus* ein romantisch-romanisches Kirchlein wartet – und das sehr empfehlenswerte Ensemble von *Aktivhotel und Gasthof Schmelz (35 Zi. | 4 Apartments | Schmelzer Str. 132 | Tel. 08665 98 70 | www.aktivhotel-schmelz.de | €€)* im gleichnamigen Vorort. Köstliche bayerische (Vollwert-)Speisen und phantastische Kuchen gibt's oben in den Bergen im uralten 🔴 🟢 **INSIDER TIPP** ▶ *Forsthaus Adlgaß (im Winter Mo/Di geschl. | auch Ferienwohnungen | Adlgaß 1 | Tel. 08665 4 83 | www.forsthaus-adlgass.de | €€),* Slow Food-Mitglied und von drei reizenden Schwestern geführt. *Auskunft: Inzeller Touristik GmbH (Rathausplatz 5 | Tel. 08665 9 88 50 | www.inzell.de)*

### MARIA ECK ❋ (124 A3) (*J8*)

Ihre Lage könnte schöner nicht sein: „Balkon des Chiemgaus" wird die auf 882 m gelegene Wallfahrtskirche Maria Eck (18 km von Ruhpolding) scherzhaft genannt. Die Kirche, im 17. Jh. erbaut, hat einen barocken Hochaltar und zwei Seitenaltäre, die wie die übrige Einrichtung im Rokokostil gehalten sind. 580 Wunder soll Maria hier gewirkt haben – das Mirakelbuch und die Votivtafeln sprechen Bände. Am dritten Sonntag im Mai zieht alljährlich die große Siegsdorfer Trachtenwallfahrt hier herauf. Individualisten brauchen von Siegsdorf aus zu Fuß eine Stunde nach Maria Eck – ein schöner Wanderweg, der auch fortgesetzt werden kann: Nach weiteren dreieinhalb Stunden steht man auf dem Gipfel des Hochfelln.

# SCHLECHING

**(123 D5)** *(F–G9)* **Dort, wo die Tiroler Ache die österreichische Grenze überquert und bayerisch wird, liegt Schleching (1600 Ew.).**

Der Luftkurort und Wintersportplatz hat sein typisch bayerisches Dorfgesicht bis heute beibehalten und setzt auf nachhaltige Entwicklung. Im Winter unbedingt einen Besuch wert ist der der entzückende kleine **INSIDER TIPP** Christkindlmarkt, der am zweiten Adventswochenende stattfindet.

## SEHENSWERTES

### PFARRKIRCHE SANKT REMIGIUS
Früh schon wurde das hintere Achental von fränkischen Glaubensboten christianisiert – daher die Präsenz des „Franken" Remigius in Schleching. Die ihm geweihte Pfarrkirche ist ein dörflicher Barockbau. Auf dem Friedhof stehen viele jener schmiedeeisernen Grabkreuze, die typisch sind für die letzte Ruhe im oberbayerischen Land.

## ESSEN & TRINKEN

### GASTHOF ZELLERWAND
Genießen Sie die gesunde, wohlschmeckende Küche aus regionalen Produkten und mit Biorindfleisch in einer perfekt erhaltenen, über 150 Jahre alten Gaststube! *Di/Mi (im Winter Mo–Fr) geschl. | Raitener Str. 46 | Mettenham | Tel. 08649 217 | www.gasthof-zellerwand.de | €*

## FREIZEIT & SPORT

Schleching kann mit 150 km markierten Wander- und Gebirgswegen aufwarten, vor allem aber mit der schnellen *Tiroler Ache,* die sogar schiffbar ist – mit dem Kajak. Wer es wilder liebt, kann geführte Schlauchboottouren mit *Sport Lukas (Hauptstr. 3 | Tel. 08649 243 | www.sportlukas.de)* buchen, die vom Tiroler Ort Kössen durch die sprudelnde Entenlochklamm bis nach Schleching führen. Im Winter wird Schleching zum Eldorado für stille Schneeaktivitäten wie Winterwandern oder Schneeschuhlaufen durchs Achental. Dazu werden 25 km Loipen gespurt. Die *Nordic-Schule Schlechinger Tal (Hauptstr. 15 | Tel. 08649 326 | www.*

# LESEHUNGER & AUGENFUTTER

**Der Pate vom Chiemsee** – (2018) Sonniger Bilderbuch-Chiemgau? Von wegen! Krimiautor Heinz von Wilk beschreibt packend eine reichlich finstere, mafiöse Seite von Rosenheim

**The Sound of Music** – (1965) Der große Musicalklassiker mit Julie Andrews als gut gelaunt singendem Oberhaupt des Trapp-Familienchors. Gedreht wurde im Berchtesgadener Land

**Edelweißkönig** – (1886) Einer der Heimatromane Ludwig Ganghofers, der seine Alpendramen gern rund um Berchtesgaden ansiedelte

**Hierankl** – (2003) Moderne Voralpentragödie von Regisseur Hans Steinbichler: Eine junge Frau entdeckt im so idyllisch wirkenden Chiemgauer Elternhaus die erschreckende Wahrheit über ihre Familie

# CHIEMGAUER ALPEN

*sport-bauer.de*) bietet für Langlaufanfänger auch Schnupperkurse an.

### ÜBERNACHTEN

#### ALPENHOTEL DAHOAM
Schlafen in Himmelbetten, Abhängen im Kaminzimmer, Kuchen schnabulieren im Café – alles im frisch aufgepeppten Look zeitgemäßer Rustikalität. Sehr gemütlich! *16 Zi. | Ulmenweg 3 | Tel. 08649 2 24 | www.alpenhotel-dahoam.de | €€*

### AUSKUNFT

*Touristik-Information (Schulstr. 4 | Tel. 08649 2 20 | www.schleching.de)*

### ZIELE IN DER UMGEBUNG

#### GEIGELSTEIN (123 D5) (F9)
„Blumenberg des Chiemgaus" nennt man gern den Geigelstein (1808 m, 4 km von Schleching). Tatsächlich ist die Flora des Schlechinger Hausbergs unerhört reich: Allein 16 Enzianarten und 36 verschiedene Orchideen wurden ausgemacht. Seit 1991 ist der Geigelstein Naturschutzgebiet. Auf der *Wuhrsteinalm (Do–So 10–18 Uhr, sonst statt Küche nur Kleinigkeiten zur Selbstbedienung | Tel. 08649 98 63 84 | www.wuhrsteinalm.de | €)* können Sie INSIDER TIPP in moderner und lockerer Loungeatmosphäre neben der herrlichen Aussicht auch feine Brotzeiten genießen und ein Nachtlager finden. Nach oben führen ein Doppelsessellift (vorübergehend stillgelegt) oder eine schöne Wanderung (75 Minuten).

#### STREICHENKAPELLE ★
(123 D5) (G9)
Ausgeschrieben heißt sie „Wallfahrtskirche Sankt Servatius auf dem Streichen", aber auch als Streichenkapelle ist sie ein Begriff. 300 m über dem Achental liegt das spätgotische, schindelgedeckte Kirchlein auf dem Streichen, einem Bergrücken 5 km südlich von Schleching. Es verzaubert mit mehreren wertvollen Altären und kostbaren Wandmalereien aus der Mitte des 14. Jhs. Gewissermaßen kongenial ist die Lage der Kapelle: irgendwo zwischen Himmel und Erde, einsam und scheinbar weit weg von allen menschli-

Oben auf dem Geigelstein grüßt das Gipfelkreuz

chen Kleinkrämereien. Und dann erst die Aussicht: Geigelstein und Kampenwand, Hochgern und, fast schon zum Greifen nah, die zackige Felsenkette des Wilden Kaisers. Einen schöneren Platz gibt es kaum im Chiemgau. Wer von Schleching aus heraufwandern will, benötigt ungefähr zwei Stunden. Mit dem Auto können Sie bis zu einem Parkplatz etwa 20 Minuten unterhalb des Streichens fahren. Empfehlenswert ist eine Einkehr im *Berggasthaus Streichen (Mo geschl. | Tel. 08649 2 65 | €)*, unterhalb der Kirche gelegen und selbst aus dem 15. Jh. Hier gibt es auch den Schlüssel für die Kapelle, die meist zugeschlossen ist.

# STÄDTE AM INN

Wenn der Inn bayerisch wird, hat er schon eine längere Reise hinter sich. Er hat seine quirlige Gebirgsjugend in der Schweiz und in Tirol abgelegt und kommt jetzt, in seiner Lebensmitte, ruhig und beinahe behäbig daher.

Stellenweise weitet er sich nun fast auf Seebreite. In vielen Schleifen und Windungen fließt er nach Passau, wo er sich in die Donau ergießt. Im Mittelalter wurde der Inn als Transportweg für den Holz- und Salzhandel immens wichtig, und die Städte und Märkte an seinen Ufern gediehen prächtig – eine Entwicklung, die man noch heute nachvollziehen kann. Im Unterschied zu früher ist der Fluss nicht mehr durchgehend schiffbar. Nur an manchen Stellen, z. B. in Wasserburg, findet noch Personenschifffahrt statt.

## ALTÖTTING

(120 B1–2) (*J2*) Obwohl Altötting (12 000 Ew.) nicht gerade ein architektonisches Juwel unter den Kleinstädten Südostbayerns darstellt, gehört es zu den ganz besonders anziehenden Orten in der Region.

Auslöser des Interesses ist die berühmte Schwarze Muttergottes, ein Gnadenbild, von dem sich die Gläubigen seit über 500 Jahren Hilfe in den verschiedensten Notlagen erhoffen. Mehr als eine Million Menschen wallfahren alljährlich in das Städtchen, auch auf den Spuren des emeritierten Papstes Benedikt XVI., der ganz in der Nähe in Marktl am Inn als Joseph Ratzinger geboren wurde.

Bild: Ledererzeile in Wasserburg am Inn

**Provinz mit Charme: Wie die Perlen einer Kette liegen die romantischen Orte Mühldorf, Wasserburg und Rosenheim am Flusslauf**

## SEHENSWERTES

### GNADENKAPELLE ★

Mittelpunkt der Gnadenkapelle ist die *Schwarze Muttergottes* aus dem frühen 14. Jh., deren Schöpfer unbekannt geblieben ist. Schwarz verfärbt hat sich die Madonna über die Jahrhunderte im Rauch der nie verlöschenden Kerzen. Die Kapelle konzentriert sich um die achteckige Taufkapelle aus karolingischer Zeit (8. Jh.). Rechts neben dem Gnadenaltar betet der *Silberprinz*, die fast lebensgroße Rokokostatue des zehnjährigen Kurprinzen Max Joseph (später Kurfürst Maximilian III.). Ebenso beredte Zeugen tiefer Religiosität sind die zumeist selbst gemalten Votivtafeln, die zu Tausenden im *Kapellenumgang* hängen, Danksagungen an die Schwarze Muttergottes für Rettung aus großer Not. *Kapellplatz 4a*

### HAUS PAPST BENEDIKT – NEUE SCHATZKAMMER

Kostbarkeiten wie das „Goldene Rössl" – ein von französischen Goldschmieden

# ALTÖTTING

gefertigter kleiner Marienaltar –, wertvolle Monstranzen, bäuerliche Wachsstöcke und Zeugnisse aus der Wallfahrtsgeschichte sind in diesem Museum zu bewundern. *April–Okt. Di–So 10–16 Uhr |*

boten. Sehr ordentliche Thaigerichte, Tropencocktails, gelegentliche DJ-Auftritte und Mottopartys. *Mo geschl. | Griesstr. 17 | Tel. 08671 92 60 20 | www.mingslounge.de | €€*

Auf Pilgerschaft oder nicht, eine Pause auf dem Kapellplatz in Altötting ist willkommen

*Eintritt 2 Euro | Kapellplatz 4 | www.neueschatzkammer.de*

### JERUSALEM-PANORAMA
Ein 100 Jahre altes, sehr beeindruckendes Großraumpanorama zeigt die Kreuzigung Christi. Das Rundgemälde ist 95 m lang. *März–Okt. tgl. 10–17, Nov.–Feb. Sa/So 11–15 Uhr | Eintritt 4,50 Euro | Gebhard-Fugel-Weg 10 | www.panorama-altoetting.de*

## ESSEN & TRINKEN

### MING'S LOUNGE
Hier bekommen Sie Abwechslung zum klassischen Wallfahrerprogramm ge-

## ÜBERNACHTEN

### ALTSTADTHOTEL SCHEX
Schlafen Sie gemütlich in einem der ältesten Häuser Altöttings. Gediegene bayerische Küche serviert man Ihnen im Restaurant *Andechser*, wo auch die guten gleichnamigen Klosterbiere ausgeschenkt werden. *30 Zi. | Kapuzinerstr. 11–13 | Tel. 08671 9 26 40 | www.altstadthotel-schex.de | €€*

## AUSKUNFT

*Wallfahrts- und Verkehrsbüro (Kapellplatz 2a | Tel. 08671 50 62 19 | www.altoetting.de)*

# STÄDTE AM INN

# MÜHLDORF

(119 E–F1) *(ɱ G–H 1–2)* **Treten Sie ein in ein Bilderbuch! Mühldorf (15 000 Ew.) verkörpert mit seiner südlich inspirierten Bauweise am besten das typische Bild einer Innstadt.**

Barocke Häuserfronten, ein weit geschwungener Marktplatz und schattige Gassen machen selbst aus hartnäckigen Realisten echte Romantiker. Nehmen Sie sich die Zeit für einen ausgiebigen Bummel!

## SEHENSWERTES

### ALTSTADT ●
Der *Stadtplatz* erstreckt sich in sanftem Bogen vom *Altöttinger Tor* zum 1218 errichteten *Münchner Tor,* dem ältesten schriftlich erwähnten Bauwerk der Stadt. Die ganze Ostseite des Platzes können Sie in einem Laubengang aus dem 15. Jh. beschreiten. Charakteristisch für Mühldorf sind die engen, schluchtartigen Gassen, die vom Marktplatz wegstreben und oft sogar in zwei „Etagen" von Schwibbögen überwölbt werden. Wenn Sie einen Blick in die Innenhöfe werfen, entdecken Sie malerische Arkadengänge. Am Stadtplatz liegt auch das in seiner Substanz spätgotische *Rathaus* mit dem „Hexenkammerl" und einem prächtigen Sitzungssaal.

### KREISMUSEUM MÜHLDORF
Die Sammlung im ehemaligen „Getreidekasten" präsentiert Geologie und Stadtgeschichte, Volksfrömmigkeit und Innschifffahrt. Auch die Mühldorfer NS- und Nachkriegszeit – Geschichtskapitel, die die meisten Heimatmuseen gern verschweigen – wird thematisiert. *Do/Fr 14–17, So 13–17 Uhr | Eintritt 3 Euro | Tuchmacherstr. 7*

### INSIDERTIPP KZ-GEDENKSTÄTTE
Im Waldgebiet Mühldorfer Hart errichteten die Nazis kurz vor Kriegsende ein Arbeitslager, in dem noch fieberhaft an einer Kampfjetfabrik gebaut wurde. Über 2000 Häftlinge verloren dabei ihr Leben. Die 2018 eröffnete Gedenkstätte erinnert an dieses finstere Kapitel. *www.kz-gedenk-mdf.de*

## ESSEN & TRINKEN / ÜBERNACHTEN

### PAULIWIRT
Nördlich von Mühldorf gelegener Landgasthof mit modernen Zimmern, gemütlichen Stuben und einem schönen Biergarten. *29 Zi. | 4 Apartments | Erharting Neuhäusl 1 | Tel. 08631 3 78 20 | www.pauliwirt.de | €€*

## MARCO POLO HIGHLIGHTS

★ **Gnadenkapelle in Altötting**
Die rauchgeschwärzte Gnadenmadonna in Bayerns ältestem Wallfahrtsort stammt aus dem frühen 14. Jh. → S. 57

★ **Kraiburg**
Den hübschen historischen Markt kennt kaum jemand – zu Unrecht → S. 60

★ **Altstadt von Wasserburg**
Als wäre es vor Hunderten von Jahren: Die vom Inn umschlungene Stadt glänzt durch größte bauliche Geschlossenheit → S. 63

★ **Klosterkirche Rott am Inn**
Die Rokokokirche der alten Benediktinerabtei ist ein Baukunstwerk von europäischem Rang → S. 65

# ROSENHEIM

Zwiebel mit Taille: der Turm von Sankt Nikolaus in Rosenheim

### ZIELE IN DER UMGEBUNG

**KRAIBURG** ★ *(119 D–E2) (*ⓜ *G2–3)*
Ein Besuch Kraiburgs (4000 Ew., 11 km von Mühldorf) lohnt sich des alten, verwinkelten Stadtbilds wegen. Sehenswert ist der fast quadratische *Marktplatz* mit dem *Marmorbrunnen* (1652), dem Renaissanceportal des *Wandlingerhauses* und der *Kirche*. Vor dieser stehen drei rührende, verwitterte Eisenkreuze zum Gedenken an frühere Kraiburger Bürgermeister. Feine Einkehr finden Sie im *Hardthaus (So/Mo und mittags geschl. | Marktplatz 31 | Tel. 08638 7 30 67 | www.hardthaus.de | €€€),* wo der Holländer Marc Vermetten in lockerer Atmosphäre kreativ aufkocht. *www.markt-kraiburg.de*

**INSIDER TIPP ▶ TÜSSLING**
*(120 A2) (*ⓜ *H–J2)*
Was mit seinen knapp über 2000 Ew. anderswo nur ein bangloses Dorf wäre, ist im architektonischen Dunstkreis von Burghausen und dem 8 km entfernten Mühldorf bei aller Winzigkeit (und obwohl es offiziell nur ein „Markt" ist) beinahe selbst eine kleine Stadt geworden, mit wunderschönen Bürgerhäusern in typischer Inn-Salzach-Bauweise. Hauptattraktion Tüßlings aber ist sein ehemaliges *Wasserschloss*, ein gedrungenes Geviert mit hübschen Zwiebeltürmen und einem romantisch-verwilderten Park, in dem Konzerte, Märkte und andere Events stattfinden. *www.tuessling.de*

### EINKAUFEN

**INSIDER TIPP ▶ KÖSTLICHE KISTE** 🌱
Mit ihren sieben Sorten Weißbier, die aus Biodinkel, -weizen und -gerste gebraut werden, genießt die Brauerei Unertl einen hervorragenden Ruf bis nach München. Das ganze Sortiment und Delikatessen wie Weißbierbrandtrüffel oder Honigsenf mit Weißbier gibt es in dieser zur Brauerei gehörenden Boutique. *Weißgerberstr. 15 | www.koestliche-kiste.de*

### AUSKUNFT

*Touristinfo (Stadtplatz 3 | Tel. 08631 6 12 608 | www.muehldorf.de)*

# ROSENHEIM

**KARTE IM HINTEREN UMSCHLAG**
*(122 A–B 2–3) (*ⓜ *D7)* Selbst Münchner beneiden heimlich Rosenheim (60 000 Ew.).
Die Stadt ist dank ihrer Fachhochschule quicklebendig, nur einen Katzensprung

# STÄDTE AM INN

vom Freizeitparadies Chiemgauer Alpen entfernt und hat ein dem Oktoberfest ähnliches „Rosenheimer Herbstfest", bei dem die Maß aber viel weniger kostet!

## SEHENSWERTES

### ALTSTADT

Rund um den *Max-Josefs-Platz* präsentiert sich die alte Handelsstadt im typischen Inn-Salzach-Stil. Schöne Patriziergebäude wie der *Gasthof Stockhammer*, Arkadengänge und stuckverzierte Rokokofassaden erfreuen das Auge. Die alte Weinschenke *Zum Santa* stammt in ihren Ansätzen aus dem 13. Jh. – man beachte die mächtigen Kreuzgewölbe in der Wirtsstube! In der *Pfarrkirche Sankt Nikolaus*, zu erkennen an ihrem taillierten Turm, können Sie eine beiderseits bemalte Holztafel mit Schutzmantelmadonna bewundern. Die zur *Heilig-Geist-Kirche* gehörende *Wolfgangkapelle* beherbergt ein spätgotisches Wandbild (1499) nach dem „Volto Santo" in Lucca. Der Tourismusverein bietet immer samstags INSIDER TIPP **originelle Führungen** *(www.touristinfo-rosenheim.de)* an, u. a. zu alten Rosenheimer Wirtshäusern oder „Auf den Spuren der Rosenheim-Cops".

### INN-MUSEUM

Schon die alten Römer rauschten den Inn hinunter – der Fluss war lange eine wichtige Wasserstraße. Was das bedeutete, erfahren Sie in dieser Dokumentation. *April–Okt. Sa/So 10–16 Uhr | Eintritt 3 Euro | Innstr. 74*

### LOKSCHUPPEN

Die wunderschöne Lokomotivenremise von 1858 ist heute die wohl bedeutendste Ausstellungshalle Südostbayerns. *11. April–23. Nov. Mo–Fr 9–18, Sa/So 10–18 Uhr | Eintritt je nach Veranstaltung | Rathausstr. 24 | www.lokschuppen.de*

## ESSEN & TRINKEN

### KUNSTMÜHLE

Kaffeehaus der weithin bekannten Rosenheimer Kaffeerösterei Dinzler, eingerichtet in einem stimmungsvoll renovierten Industrieloft. Großartiger Kaffee (Tipp: der Espresso!), feiner Kuchen und gute Küche. *Tgl. | Kunstmühlstr. 12 | Tel. 08031 4 08 25 31 | www.dinzler.de | €€*

## EINKAUFEN

### INSIDER TIPP **DER RAUM – SUADA**

Hoffentlich haben Sie noch Platz im Kofferraum! Denn Architektin Suada Reindl verkauft die schönsten Vintageobjekte aus den 50er- und 60er-Jahren. *Bahnhofstr. 6 | www.derraum-suada.de*

## AM ABEND

### WUID

„Wuid" (für Nichtbayern: „wild") geht es in diesem Club jedes Wochenende zu. Das Herz der an Feieradressen reichen Studentenstadt. *Fr/Sa ab 22.30 Uhr | Adlzreiterstr. 11 | Tel. mobil 0176 35 93 93 59 | www.wuid-club.de*

## ÜBERNACHTEN

### SAN GABRIELE

Das „mittelalterliche Kloster" ist ein Neubau von 2005. Hier ist es geglückt, die Schlichtheit klösterlichen Lebens (fast) kitschfrei in ein komfortables Wohnerlebnis zu verwandeln. Nicht schlecht! *38 Zi. | Zellerhornstr. 16 | Tel. 08031 2 60 70 | www.hotel-sangabriele.de | €€€*

## AUSKUNFT

*Touristinfo (im Parkhaus P1 | Hammerweg 1 | Tel. 08031 3 65 90 61 | www.touristinfo-rosenheim.de)*

# WASSERBURG

### ZIELE IN DER UMGEBUNG

**NEUBEUERN** (122 A–B4) (*D8*)
Das Bilderbuchdorf (3200 Ew., 13 km von Rosenheim) mit seinem zweitorigen *Marktplatz* und der üppigen *Lüftlmalerei* ist „neuer", als es aussieht: Die meisten der prächtigen Erkerhäuser wurden erst um 1890 errichtet. Malerisch ist die Kulisse trotzdem, was dazu führte, dass die kleine Marktgemeinde schon dreimal zum „Schönsten Dorf" (Oberbayerns, Bayerns und Deutschlands) gekürt wurde. Als Einkehrtipp empfiehlt sich *Auers Schlosswirtschaft (Mo, So geschl. | Rosenheimer Str. 8 | Tel. 08035 26 69 | www.auers-schlosswirtschaft.de | €€)*, wo sich in der Einrichtung wie auch auf der Speisekarte Puristisches mit Kreativem jeweils zu sehr gelungenen Mischungen verbindet; abends gibt's hier gelegentlich Kabarett. *www.kulturdorf-neubeuern.de*

**SAMERBERG** (122 B–C4) (*E8*)
Still, verträumt und richtig schön bäuerlich: Das ausgedehnte Hochtal am Samerberg (20 km von Rosenheim) ist allerschönstes Oberbayern. Besonders hübsch: der Hauptort *Törwang* mit seiner spätromanischen Kirche *Sankt Ägidius und Nikolaus* am Ortsrand. Sportlich (und dreckig) geht's im *Bikepark Samerberg (Anfahrt mit der Hochriesbahn | www.bikepark-samerberg.de)* zu, in dem sich auch MTB-Anfänger wohlfühlen. Im Dorfidyll von *Grainbach* liegt die angesagteste Stadtfluchtadresse des Chiemgaus überhaupt, der liebevoll renovierte **INSIDER TIPP** *Gasthof Alpenrose (Mo/Di geschl. | Kirchplatz 2 | Tel. 08032 82 63 | www.alpenrose-samerberg.de | €€)*: Zimmer mit Fleckerlteppichen, Biergarten, Dachterrasse und köstliche Küche. Auskunft: *Gästeinformation Samerberg (Dorfplatz 3 | Törwang | Tel. 08032 86 06 | www.samerberg.de)*

# WASSER-BURG

**KARTE IM HINTEREN UMSCHLAG**
(118 B4–5) (*E4*) **Eine Insel? Nein, aber fast! Auf drei Seiten umschlingt der grüne Inn die Stadt Wasserburg (11 000 Ew.), die mit ihren bunt gestrichenen Fassaden und Laubengängen schon ein bisschen an Italien erinnert.**
Doch dann holen Sie Spitzgiebel und spätgotische Patrizierhäuser schnell wieder auf den bayerischen Boden der Tatsachen zurück. Am besten werfen Sie erst mal von oben einen Blick auf das romantische Idyll, z. B. vom Aussichtspunkt *Prallhang* im Osten der Stadt. Und spazieren dann durch die Gassen des ehemaligen Handels- und Kriegshafens (!) der nur 50 km entfernten Residenzstadt München. Auch der Salzhandel bescherte Wasserburg in der Vergangenheit Wohlstand.

### LOW BUDGET

*Bed & Breakfast Chiemgau (Samerbergstr. 10 | Rosenheim | Tel. 08031 2 21 53 11 | bedandbreakfastchiemgau.com):* Hier übernachten Sie besonders günstig ab 24 Euro pro Person.

*Badria (Alkorstr. 14 | Wasserburg | Tel. 08071 81 33 | www.badria.de):* Das Erlebnisbad ist mit Abstand das günstigste im gesamten Gebiet. Ein ganzer Badetag kostet 10,90 Euro pro Person, Familien (zwei Erwachsene und zwei Kinder) zahlen 30,50 Euro.

# STÄDTE AM INN

## SEHENSWERTES

### ALTSTADT ⭐

Von dem 1470 erbauten *Brucktor* aus, dem Tor an der Innbrücke – in der benachbarten *Heilig-Geist-Spitalkirche* können Sie eine sehr gelungene Darstellung des Pfingstwunders besichtigen –, sche, literarische oder mittelalterliche. Oder machen Sie mit bei einer Bier-, einer Kräuter- oder einer Mozartführung (ja, der war auch schon in Wasserburg)!

### KERNHAUS

Breite Laubengänge, vier zweigeschossige Erker, reiche Stuckatur und Fresken-

Das spätgotische Rathaus in Wasserburg am Inn ist an seinen Stufengiebeln zu erkennen

gelangen Sie auf den lang gestreckten *Marienplatz*. Hier und auch in der parallel verlaufenden *Herrengasse* hat sich die anheimelnde Inn-Salzach-Bauweise mit ihren Grabendächern und 🟠 Laubengängen besonders schön erhalten. *Schmidzeile, Ledererzeile, Nagelschmiedgasse* und *Bruckgasse* bergen ebenfalls schöne Ensembles. Wasserburgs ältestes Haus ist das *Irlbeckhaus* (1497) an der Schmidzeile, aber auch am *Alten Mauthaus (Ecke Bruckgasse/Marienplatz)* mit seinem Renaissance-Erker sollten Sie kurz innehalten. Die Gästeinformation bietet *Führungen (ab 4 Euro)* an – eine klassi-

malerei lassen das Patrizierhaus eher wie einen fürstlichen Palast aussehen. Der für die Rokokofassade verantwortliche Künstler ist der Wessobrunner Johann Baptist Zimmermann, der auch die Deckenfresken in der weltberühmten Wieskirche schuf. In Wasserburg fasste er mit der Kern-Fassade 1738 zwei eigentlich voneinander unabhängige Häuser zusammen. Die Kerns waren übrigens eine alte Wasserburger Familie, die der Salzhandel reich, aber nicht herzlos gemacht hatte: Wegen ihrer Mildtätigkeit wurden sie um 1600 herum in den Freiherrenstand erhoben. *Marienplatz 9*

# WASSERBURG

### RATHAUS

Das Rathaus mit seinen schönen Stufengiebeln wurde Mitte des 15. Jhs. im spätgotischen Stil errichtet. An der inneren Aufteilung des Gebäudes lassen sich auch heute noch die verschiedenen Funktionen des Rathauses in früherer Zeit ablesen: Im ehemaligen Brothaus verkauften bis ins 20. Jh. hinein alle Wasserburger Bäcker ihre Erzeugnisse. Es gab eine Kornschranne (heute Eingangshalle) und natürlich die Ratsstube, auch „roter Rathaussaal" genannt, die mit ihren allegorischen Wandmalereien zu den wichtigsten Sehenswürdigkeiten Wasserburgs gehört. *Führungen Mo–Fr 11, 14 und 15, Sa/So 13 und 14 Uhr | Eintritt 2,50 Euro | Marienplatz 2*

## ESSEN & TRINKEN / ÜBERNACHTEN

### FISCHERSTÜBERL

Das Restaurant ist ein wenig außerhalb gelegen (in Attel, knapp 10 km südlich) und bietet sehr lobenswerte Fischküche und hausgemachte Nudeln. Übernachten können Sie hier ebenfalls, zehn Zimmer stehen für Gäste zur Verfügung. *Di geschl. | Elend 1 | Attel | Tel. 08071 25 98 | www.fischerstueberlattel.de | €€€, Zimmer €*

### LANDWIRTSCHAFT IM GUT STAUDHAM

Wasserburgs erstes „Concept-Restaurant" hat sich in einem alten Landgut eingerichtet. Im kreativ gestalteten Ambiente von Wirtsstube, Nostalgiecafé und Restaurant lassen Sie sich Flammkuchen oder Hirschgulasch auftischen, in sieben INSIDER TIPP hübschen Zimmern können Sie übernachten. *Tgl. | Münchner Str. 30 | Tel. 08071 9 04 45 90 | www.landwirtschaft-staudham.de | €, Zimmer €€*

### DIE SCHRANNE

Nettes, modernes Kaffeehaus im alten Gewölbe am Marienplatz. Fast alles ist hier selbst gemacht (und gebacken), von der knusprigen Focaccia bis hin zu belegtem Bauernbrot, Kuchen und Pralinen. Abends manchmal gute INSIDER TIPP Jazzkonzerte und Theater. *Di–So 9–18 Uhr | Marienplatz 2 | Tel. 08071 92 10 70 | €*

## EINKAUFEN

In Wasserburg gibt es eine ganze Reihe schöner Antiquitätengeschäfte, in denen sich das Stöbern lohnt, wie beispielsweise *Antiquitäten Göttler (Marienplatz 8)*, wo Sie viel Bayerisch-Bürgerliches finden. Etwas Besonderes sind auch die kleinen *Wachszieherläden*.

## AM ABEND

### BELACQUA

Kleines, feines Stadttheater mit Repertoireprogramm von Klassik bis zu modernem Tanz. Im Sommer finden auch Open-Air-Veranstaltungen statt. *Salzburger Str. 15 | Tel. 08071 10 32 61 | www.theaterwasserburg.de*

## AUSKUNFT

*Gästeinformation (Rathaus | Marienplatz 2 | Tel. 08071 105 22 | www.wasserburg.de)*

## ZIELE IN DER UMGEBUNG

### AMERANG (118 C6) (*M F5*)

12 km von Wasserburg entfernt liegt das gemütliche Chiemgauer Dorf (2500 Ew.) voller Attraktionen: Da ist vor allem das *Schloss Amerang* oberhalb des Orts mit seinem dreistöckigen Arkadenhof, in dem an Sommerabenden Klassikkonzerte zu

# STÄDTE AM INN

erleben sind. Sehenswert sind auch die Fresken im Rittersaal und die spätgotische Schlosskapelle Sankt Georg mit einem Rippengewölbe aus dem Jahr 1513. Nach dem Rundgang durchs Schloss sollten Sie sich unbedingt das sehr schöne Ameranger *Bauernhausmuseum (Mitte März–Anfang Nov. Di–So 9–18 Uhr | Eintritt 4 Euro | www.bhm-amerang.de)* ansehen. Zum Abschluss empfiehlt sich ein Besuch im Feinkostladen **INSIDER TIPP** *Poidl (Frabertshamer Str. 1 | www.feinkost.by)* am Dorfbach, wo Sie sich mit Landbrot, französischem Käse, Salami aus dem Chianti und Landwein das perfekte Slow-Food-Picknick zusammenstellen können. www.amerang.de

### ROTT AM INN (118 A6) (*D5*)
Es gibt gelegentlich auch Touristen, die wegen eines Politikers in das 9 km südlich von Wasserburg gelegene Rott am Inn (3000 Ew.) pilgern: Hier ruht in der Familiengruft Kaiser der 1988 verstorbene bayerische Ministerpräsident Franz Josef Strauß nebst Gemahlin.

Die eigentlichen Sehenswürdigkeiten aber sind die alte Benediktinerabtei, jahrhundertelang ein geistiger und kultureller Mittelpunkt Altbaierns, und die prachtvolle ★ *Klosterkirche Rott am Inn*, die Rokokokirche Sankt Marinus und Anianus, das letzte und wohl gelungenste Werk des großen Baumeisters Johann Michael Fischer. Im Innenraum überbieten sich die künstlerischen Sensationen: Wessobrunner Stuckatur von Franz Xaver Feichtmayr und Jakob Rauch, Altarfiguren von Ignaz Günther, das Deckenfresko von dem Augsburger Matthäus Günther – ein überwältigendes Kirchenerlebnis! www.rottinn.de

Entdeckungstour in die Vergangenheit: Schlafstube im Ameranger Bauernhausmuseum

# BERCHTESGADENER LAND

**Bei diesem Anblick geht jeder in die Knie: der Watzmann über Berchtesgaden. Zackig ragt es gen Himmel, das gewaltigste Gebirgsmassiv der deutschen Alpen, der Herrscher über den Königssee.**

Der Watzmann ist das Wahrzeichen des Berchtesgadener Landes, dessen ursprünglicher, klarer und kraftvoller Schönheit sich kaum ein Besucher entziehen kann. Dabei war der Talkessel von Berchtesgaden, wie von Riesenhand hineingeschnitten in die nördlichen Kalkalpen, lange Zeit ein eher unwirtliches Fleckchen Erde. Augustinermönche aus Rottenbuch, die im 12. Jh. anreisten, um ein Kloster zu gründen, notierten frustriert: „... ein schrecklicher Urwald, starrend vor ewigem Frost und Schnee, eine Einöde". Doch dann spuckten die Mönche in die Hände und errichteten das Chorherrenstift Berchtesgaden, das es der reichen Salzvorkommen wegen zu solchem Ruhm und Wohlstand brachte, dass die deutschen Kaiser das „Landl" zur reichsunmittelbaren Fürstpropstei ernannten.

## BAD REICHENHALL

**KARTE IM HINTEREN UMSCHLAG (125 D4)** *(L9)* **Das Schicksal Reichenhalls, der „Reichen an Salz", wurde seit keltischen Zeiten durch das wertvolle Würzmittel bestimmt. Heute aber lässt sich die kreisfreie Stadt Bad**

Bild: Königssee

**Erholung vor atemberaubender Kulisse:
Zwei Kurorte und eine einzigartige Landschaft
prägen den südöstlichsten Zipfel von Bayern**

**Reichenhall (18 000 Ew.) gern auch als
„Bayerisches Meran" titulieren.**
Und tatsächlich herrscht in dem Bayerischen Staatsbad ein mildes Reizklima,
finden sich eine beinahe schon mediterrane Palmenvegetation und zumindest
noch ein Anklang an das mondäne Bäderleben, wie es sich hier zur Gründerzeit abspielte.
Eine Kur in Bad Reichenhall ist angezeigt
bei rheumatischen Beschwerden, Atemwegs-, Kreislauf- und Durchblutungskrankheiten.

### SEHENSWERTES

Seit dem großen Brand 1834 ist von der
alten, typischen Inn-Salzach-Architektur
nicht mehr viel zu sehen. Doch ein Bummel lohnt sich. Im Stadtzentrum zwischen *Sebastianiviertel* und *Karlspark*
stehen viele schöne Gründerzeitbauten.
Der *Florianiplatz* wirkt mit seinen wuchtigen, giebelständigen Häusern alpenländischer als in der Inn-Salzach-Gegend
eigentlich üblich. Dieses Viertel ist das
älteste der Stadt – die *Burg Gruttenstein*

# BAD REICHENHALL

mit ihren malerischen Türmchen und Erkern stammt gar aus dem 13. Jh.

### ALTE SALINE ●
An der Salinenstraße passieren Sie die Alte Saline, ein 1851 im Rundbogenstil fertiggestelltes Backsteingebäude und sehenswertes Industriedenkmal. Die historische Salzgewinnungsanlage dient und ist 16 m hoch, sodass beinahe schon die Ausmaße des alten Salzburger Doms erreicht sind. Von großer Pracht ist das reich gestufte Westportal mit den Heiligen Zeno und Rupert. Der Innenraum der ehemaligen Augustinerchorherren-Stiftskirche ist zum Leidwesen vieler Puristen gotisiert worden. Im Kloster nebenan können Sie den romanischen Kreuzgang

Angesagt in alten Mauern: das Restaurant Salin in Bad Reichenhall

heute als Museum. Zu sehen gibt es u. a. die gigantischen Solepumpen und die marmorverkleideten Quellstollen sowie Quellfassungen von Erasmus Grasser, der für seine Bildhauerkünste (Münchner Moriskentänzer) bekannt ist. Filmvorführungen informieren über die Salzgewinnung einst und heute. *April–Okt. tgl. 10–16 Uhr, Nov.–März Di–Sa 11–15 Uhr | Eintritt 9 Euro | Alte Saline 9 | www.alte-saline.de*

### MÜNSTER SANKT ZENO ★
Bayerns größte romanische Kirche misst 90 m in der Länge, 30 m in der Breite besuchen. Sehenswert sind darin das Wandrelief von Kaiser Barbarossa, einem großen Gönner des Stifts, und die Bandornamente an den Säulen. Auch der romantische Friedhof lohnt einen Besuch. *Salzburger Str. 30*

### PFARRKIRCHE SANKT NIKOLAUS
Obwohl sein moderner Westturm ein viel geringeres Alter vermuten lässt, wurde das romanische Gotteshaus bereits 1181 erbaut. Die Kreuzwegstationen in Medaillonform schuf im 19. Jh. Moritz von Schwind, der berühmte Märchenillustrator. *Anton-Winkler-Str. 10*

# BERCHTESGADENER LAND

## ESSEN & TRINKEN

### BÜRGERBRÄU
Ein historischer Braugasthof, in dessen Gewölben und holzgetäfelten Stuben frischer Zander und Schweinsbraten schmecken. *Tgl. | Waaggasse 1–2 | Tel. 08651 6089 | www.brauereigasthof-buergerbraeu.de | €*

### CAFÉ REBER 🟠
Kurgäste sündigen gern angesichts der unglaublichen Tortenvielfalt, von Mozartkugeln und Petit Fours und lassen sich zum guten Schluss als Wegzehrung noch ein Tütchen vom köstlichen INSIDER TIPP Florentinerbruch einpacken. *Abends, So vormittags geschl. | Ludwigstr. 10–12*

### SALIN
Frische, moderne Küche (wie Kabeljaucarpaccio oder Wildterrine mit Kardamomzwetschgen) im schick renovierten alten Salinengemäuer. Sonntags trifft sich die halbe Stadt zum INSIDER TIPP Brunch. Schöner Garten, abends Club- und Kabarettevents. *Tgl. | Alte Saline 2 | Tel. 08651 7174907 | www.salinreichenhall.de | €€€*

## FREIZEIT & SPORT

Für sportliche Abwechslung ist in Bad Reichenhall gesorgt: Riverrafting auf der Saalach ist ebenso möglich wie Klettern auf der „Steinernen Agnes" oder Biking und E-Biking auf Berge und Almen. Baden können Sie im Thumsee oder im geheizten INSIDER TIPP Freibad Bachei *(Anfang Mai–Mitte Sept. tgl. 9–20 Uhr | Eintritt 5 Euro | Tel. 08651 4700)* mit Spielbach und Kletterwand.

### OUTDOOR-CENTER BAUMGARTEN
Hochseilgarten und Alpinpark, Floßbau, Canyoning und Höhentraining – alles, was halbwegs extrem ist, wird im Outdoor-Center Baumgarten angeboten. Würstl, Bier und Apfelstrudel gibt's zum Glück auch! *Tgl., nur nach Anmeldung | Baumgarten 1 | Schneizlreuth | Tel. 08651 2233 | www.echt-posch.de*

---

## MARCO POLO HIGHLIGHTS

### ★ Münster Sankt Zeno
Das Gotteshaus in Bad Reichenhall ist die größte romanische Kirche in Bayern und wird für sein prachtvolles Portal gerühmt → S. 68

### ★ Dokumentation Obersalzberg
Das einzigartige Lern- und Erinnerungsprojekt auf dem Obersalzberg stellt NS-Propaganda und brutale Wirklichkeit gegenüber → S. 72

### ★ Nationalpark Berchtesgaden
Nicht nur eine großartige Hochgebirgslandschaft, sondern auch ein engagiertes Programm, das sie den Besuchern näherbringt → S. 76

### ★ Königssee
Grün schimmert das Wasser vor einem dramatischen Gebirgspanorama → S. 75

### ★ Maria Gern
Bäuerliche Wallfahrt in einer herrlichen Lage – die bayerische Frömmigkeit wird hier bestens illustriert → S. 76

### ★ Hintersee
Wer durch den Zauberwald wandert, kommt zum wunderschön gelegenen Bergsee. Unter der Woche ist dieser abgelegene Winkel ganz besonders idyllisch → S. 77

# BAD REICHENHALL

### RUPERTUS-THERME
Bad Reichenhalls „Spa & Familienresort" mit Solegrotte, Saunagarten, Massagen, Fitnesskursen und vielem mehr. Ausprobieren sollten Sie die 🔴 Laist-Öl-Packung auf der Basis von heimischem Alpenmineralsoleschlick. Der kommt nicht nur aus der Region, sondern macht auch – angeblich – straffe und schöne Haut! *Tgl. 9–22 Uhr | Eintritt ab 17,50 Euro | Friedrich-Ebert-Allee 21 | Tel. 08651 762 20 | www.rupertustherme.de*

## AM ABEND

### KURKONZERTE
„Staatliches Kurorchester" mit Ambitionen: Die *Bad Reichenhaller Philharmoniker* lassen die alte Tradition der Kurkonzerte aufleben. Von Dienstag bis Sonntag wird in der Konzertrotunde oder im Pavillon im Kurpark musiziert. Zusätzlich gibt es abends Sinfoniekonzerte. Im Rahmen der Kurkonzerte treten auch Gastorchester auf – dann kostet der Eintritt nur 3 Euro. *Tickets und Termine in der Tourist-Info Bad Reichenhall*

### INSIDER TIPP ▶ PARK-KINO
In der kleinen „Lichtspiel-Lounge" gucken Sie die handverlesenen Filme und Dokumentationen auf gemütlichen Sofas. Aber auch in den klassischen Vorführsälen macht das 100 Jahre alte, liebevoll geführte Programmkino Spaß. Nicht nur bei schlechtem Wetter. *Salzburger Str. 2 | www.park-kino.de*

## ÜBERNACHTEN

### GABLERHOF
Das sehr üppige Frühstücksbuffet des Hotels versöhnt auch Morgenmuffel mit dem Start in den Tag. Weitere Pluspunkte der familiär geführten Pension sind die sonnige Lage abseits allen Kurgetümmels und der entzückende kleine Badeweiher. *16 Zi. | Nonn 55 | Tel. 08651 9 83 40 | www.gablerhof.de | €€*

### HOTEL ERIKA
In der renovierten Gründerzeitvilla (schöner Garten!) erwarten Sie komfortable Gästezimmer und eine gediegene Atmosphäre – nett und nicht übertrieben modern! *32 Zi. | Adolf-Schmid-Str. 3 | Tel. 08651 9 53 60 | www.erikahotel.de | €*

## AUSKUNFT

*Tourist-Info Bad Reichenhall (Wittelsbacherstr. 15 | Tel. 08651 71 51 10 | www.bad-reichenhall.de)*

## ZIELE IN DER UMGEBUNG

### ANGER (125 D3) (*Ø L8*)
Anger (14 km von Bad Reichenhall) ist nur ein kleines Dorf mit 1500 Ew., das König Ludwig I. 1841 zu „Bayerns schöns-

---

## LOW BUDGET

*Watzmann Therme (Bergwerkstr. 54 | Tel. 08652 9 46 40 | www.watzmann-therme.de):* Wer abends badet, zahlt weniger: Die letzten drei Stunden kosten nur 7,50 Euro (statt 11,70 Euro für zwei Stunden tagsüber).

*Nationalpark Berchtesgaden:* Die geführten Wanderungen durch die Bergwelt sind kostenlos. *Nationalparkzentrum Berchtesgaden* (s. S. 77)

*Outlet Piding (Lattenbergstr. 5–6 | Piding):* Sportswear z. B. von Adidas gibt's hier mit 30–50 Prozent Rabatt.

# BERCHTESGADENER LAND

tem Dorf" erkor. 2 km weiter nördlich, an den Gestaden des Höglwörther Sees, lohnt das ehemalige, 1817 aufgehobene Augustinerchorherrenstift *Höglwörth* einen Besuch. Nicht nur die Lage ist zauberhaft – auch die barocke, im Kern spätmittelalterliche Stiftskirche mit feinem Rocaillestuck verdient Bewunderung. Die burgähnlichen Klostergebäude wurden in Salzburger Bauweise errichtet. Im Höglwörther See können Sie auch schön baden. *www.anger.de*

## PREDIGTSTUHL ☀ (125 D5) (*L9*)

Ein imposanter Gipfel ist er mit seiner Höhe von 1613 m zwar nicht, aber dafür ein Ausflugsberg mit schöner Aussicht: der Predigtstuhl, Bad Reichenhalls 3 km südlich der Stadt gelegener Hausberg. Es führt eine altmodische Kabinenbahn (Baujahr 1928) hinauf, die zum technischen Denkmal erklärt wurde. Von oben aus können Sie eine Reihe von Wanderungen unternehmen und im Winter auf Skiern abfahren. *www.predigtstuhlbahn.de*

Typisch Berchtesgadener Land: Bauerngarten vor Bergwelt

## THUMSEE (124 C4) (*L9*)

Auf der Thumseestraße gelangen Sie zur Trasse der ersten Pipeline der Welt: 1619 fertiggestellt, leitete sie einen Teil der Reichenhaller Sole durch hölzerne Rohre bis nach Traunstein – damals ein Wunderwerk der Technik. Überreste dieses frühen Industriedenkmals sind heute noch zu sehen. Nur ein paar Schritte weiter lädt der Thumsee (5 km von Bad Reichenhall) zum Baden ein. Der See fließt ab in einen Sumpfweiher, den *Seemöselteich*, der sich zur **INSIDER TIPP** Seerosenzeit – meist in der ganzen warmen Jahreszeit, von Mai bis September – mit Tausenden von Blüten schmückt.

# BERCHTES-GADEN

**KARTE IM HINTEREN UMSCHLAG** (127 E2–3) *(M10)* **Der beliebte heilklimatische Kurort Berchtesgaden (8700 Ew.) liegt zu Füßen eindrucksvoller Berggipfel.**

Die Kulisse reicht vom sagenumwobenen Watzmann (2713 m) und dem benachbarten Hochkalter (2607 m) mit dem Blaueisgletscher über den Untersberg (1973 m) bis hin zum Jenner (1874 m) und zum Steinernen Meer (im Selbhorn, 2655 m). Weil es hier so schön ist, stauen sich im Sommer Tausende von Autos und Bussen im Ort. Idyllischer ist ein Besuch im Herbst oder im Frühjahr.

## SEHENSWERTES

Der *Marktplatz* mit seinem Löwenbrunnen, dem (auf der Rückseite mit lustigen Fresken versehenen) Hirschenhaus und den Arkaden gibt ein typisches Bild einer alten südbayerischen Marktgemeinde ab. Alle Angaben zum *Salzbergwerk Berchtesgaden* und zur „Salzzeitreise" finden Sie auf S. 107.

### DOKUMENTATION OBERSALZBERG ★
Die NS-Propaganda nutzte Hitlers Feriendomizil Obersalzberg zur Inszenierung einer heilen Welt, die mit der Realität des Dritten Reichs nichts zu tun hatte. Die multimediale Ausstellung – ein bislang einzigartiges Projekt – zeigt, wie sich der Nationalsozialismus tatsächlich auf das Leben der Menschen auswirkte. *April–Okt. tgl. 9–17 Uhr, Nov.–März Di–So 10–15 Uhr | Eintritt 3 Euro | Salzbergstr. 41 | www.obersalzberg.de*

### HEIMATMUSEUM
Schon mal vom Arschpfeifenrössl gehört? Hier ist der Adventsschmuck ausgestellt. Er gehört zur „Berchtesgadener War", den kunstvollen Holzarbeiten, mit de-

Über Berchtesgaden erhebt sich der Watzmann – in der Dämmerung besonders eindrucksvoll

# BERCHTESGADENER LAND

nen die Berchtesgadener ab dem 16. Jh. ihr Geld verdienten. Die Pfeifen, Tiere, Wägelchen und Spandosen werden noch heute heiß geliebt. *Führungen Di–So 10–17 Uhr | Eintritt 2,50 Euro | Schloss Adelsheim | Schroffenbergallee 6 | www.heimatmuseum-berchtesgaden.de*

### KÖNIGLICHES SCHLOSS

Königlicher Prunk mitten in den Bergen! Das Klosterstift der Fürstpröpste wurde nach der Säkularisierung zum zartrosa getünchten Jagdschloss der Wittelsbacher. Die Highlights: verschiedene Waffenkammern, prächtige Renaissancesäle und kostbare Skulpturen aus dem Spätmittelalter, u. a. von Veit Stoß und Lucas Cranach. Besichtigung nur im Rahmen einer Führung – wie wär's bei Kerzenschein oder mit lyrischer Musikbegleitung? *16. Mai–15. Okt. So–Fr 10–13, 14–17 Uhr, sonst nur Mo–Fr 11 und 14 Uhr Einlass | Führung 9,50 Euro | Schlossplatz 2 | www.schloss-berchtesgaden.de*

### INSIDER TIPP REHMUSEUM

Unmengen von Bock-, Geißen- und Kitzschädeln und Abwurfstangen hat der Herzog Albrecht von Bayern, ein leidenschaftlicher Jäger, zusammengetragen. Nicht als Trophäenjäger, sondern aus wissenschaftlichem Ehrgeiz. Eine ungewöhnliche, spannende Sammlung. Kinder und Jagdhunde dürfen umsonst rein! *Öffnungszeiten wie Königliches Schloss | Eintritt 4 Euro | Schlossplatz 5*

## ESSEN & TRINKEN

### BRÄUSTÜBERL

Eine bayerische Wirtschaft, wie sie sein soll: mit guter, nicht überkandidelter Küche, mit schön eingerichteten Wirtsstuben und Bier aus der eigenen Brauerei. *Tgl. | Bräuhausstr. 13 | Tel. 08652 976724 | €€*

### LE CIEL

Wer immer geglaubt hat, in Restaurants mit toller Aussicht müsse das Essen zwangsläufig schlecht sein, wird hier auf 1000 m Höhe eines Besseren belehrt. Konfierter Bachsaibling und Felskäsefondue aus der Hand von Chefkoch Ulrich Heimann überzeugen ebenso wie das sensationelle Bergpanorama. *So–Di und mittags geschl. | Hotel Intercontinental | Hintereck 1 | Tel. 08652 9 75 50 | www.restaurant-leciel.de | €€€*

### BIOHOTEL KURZ

Gugelhupf, Kräuterquark, Zucchinigratin mit Orangen-Chicorée-Salat ... Der tägliche Brunch bei Christl Kurz schmeckt köstlich und ist gesund! Die Berchtesgadenerin gehört zu den Pionieren feiner vegetarischer Küche in Deutschland. Abends gibt es ein viergängiges Menü der Saison. Und zwei Zimmer zum Übernachten. *Tgl., nur mit Reservierung | Locksteinstr. 1 | Tel. 08652 98 00 | www.biohotel-kurz.de | €€*

## EINKAUFEN

### ENZIANBRENNEREI GRASSL

Betriebsbesichtigung und „Probetropfen" der 1602 gegründeten Brennerei sind kostenlos, aber der Enzianwurzelschnaps ist so aromatisch, dass man ruhig ein Fläschchen kaufen darf. *Salzburgerstr. 105 | www.grassl.com*

### INSIDER TIPP BÖLLER- UND KANONENBAU PFNÜR

Hier finden Sie das ideale Mitbringsel für Freunde, die schon alles haben: handgemachte Böller, wie sie die Berchtesgadener Schützen verwenden, wenn sie in der Weihnachtszeit „das Christkind anschießen". Bis zu 1300 Euro können Sie für einen solchen Kracher ausgeben. *Gerner Str. 12 | www.boeller-pfnuer.de*

# BERCHTESGADEN

## FREIZEIT & SPORT

Was geht in Berchtesgadens Umgebung? Bergsteigen, Wandern, Skifahren (am besten auf dem Jenner) und Biken. Auf dem Obersalzberg besitzt der *Golfclub Berchtesgaden (Salzbergstr. 33 | Tel. 08652 2100 | gcbgd.de)* den höchstgelegenen Golfplatz Deutschlands.

### NATURBAD ASCHAUERWEIHER

Der ehemals fürstpröpstliche Fischweiher in Bischofswiesen (8 km nördlich) ist eines der größten Naturfreibäder Deutschlands. Zur Anlage gehören ein Kiesstrand, eine „Pirateninsel", ein Sprungfelsen und Holzliegeflächen mit Watzmannblick. Weiterer Pluspunkt für unbeschwerten Badespaß: Chemische Mittel kommen bei der Reinigung des Wassers nicht zum Einsatz. *Mitte Mai–Anfang Sept. 8.30–19.30 Uhr | Eintritt 5,40 Euro | Aschauerweiherstr. 85 | Tel. 08652 9799849*

### HEILSTOLLEN

Gemütlich einkuscheln, tief durchatmen und dem Plätschern des Springbrunnens lauschen: Mehr müssen Sie nicht tun, um in der pollenarmen, feuchten Luft des unterirdischen Salzstollens zu entspannen und neue Kräfte zu tanken. Auch Übernachtungen sind möglich. *28 Euro | Bergwerkstr. 85a | Tel. 08652 979535 | www.salzheilstollen.com*

### SKITOURENPARK

Wollen Sie von Pisten- auf Tourenskilauf umsteigen? Hier lernen Sie, wie Sie eine Spur anlegen, Lawinengefahr erkennen, Verschüttete suchen und sich so durch die Berge bewegen, dass die Natur erhalten bleibt. *Halbtageskurse Di, Fr, Sa 14 Uhr | Teilnahmegebühr ab 60 Euro | Salzbergstr. 33 | Tel. mobil 0171 8227751 | www.skitourenpark.de*

## ÜBERNACHTEN

### ALPENHOTEL KRONPRINZ

In prächtiger Panoramalage (der Watzmann!): komfortabler Landhausschick, solide Küche und familiäre Atmosphäre. *66 Zi. | Am Brandlholz | Tel. 08652 6070 | www.alpenhotel-kronprinz.de | €€–€€€*

### INSIDER TIPP JUGENDHERBERGE BERCHTESGADEN

In Deutschlands „erster Designjugendherberge" erwarten Sie: knallbunte Wände und Flächen in den Schlafsälen, Galeriezimmer auf zwei Ebenen, eine „Snowlounge" mit edelgrauen Sitzsäcken und ein allgemein puristisches Ambiente. *16 Zi. | Struberberg 6 | Bischofswiesen | Tel. 08652 94370 | jugendherberge.de | €*

### KEMPINSKI

Die Lage – auf dem Obersalzberg – ist historisch schwer belastet, doch das Luxushotel in 1000 m Höhe kämpft dagegen an: mit lichter Architektur, Spa mit Bergkräuter-Treatments und tollen Ausblicken. *138 Zi. | Hintereck 1 | Tel. 08652 9 75 50 | www.kempinski.com | €€€*

## AUSKUNFT

*Tourist-Information Berchtesgaden (Maximilianstr. 9 | Tel. 08652 6265050 | www.berchtesgaden.de)*

## ZIELE IN DER UMGEBUNG

### JENNER (127 E3–4) (M11)

Der Jenner, Hausberg des 5 km entfernten Berchtesgaden, lohnt einen Besuch das ganze Jahr über. Man muss sich noch nicht einmal plagen, um seinen 1874 m hohen Gipfel zu erreichen – dafür fährt ja die Jennerbahn hinauf! Von der Bergbahnmittelstation führt ein Wanderweg durch den Nationalpark in knapp vier

# BERCHTESGADENER LAND

Stunden zur schönen *Gotzenalm*. Im Winter ist der Jenner die Skiattraktion Nummer eins im Landl. Dies gilt vor allem für die so schmale wie abschüssige *Spinnergrabenpiste*, auf die sich nur Könner wagen sollten. Perfekte Stärkung zwischendrin: die INSIDER TIPP „Almpizza" in der Almhütte ❋ *Dr.-Hugo-Beck-Haus (Di geschl. | 15 Min. unterhalb der Bergstation | Tel. 08652 2727 | www.hugobeckhaus. de | €)* mit grandioser Aussicht.

singverkleideten Aufzug zurück. *Mai–Okt. tgl. 8.20–17 Uhr | Eintritt und Fahrt ab Kehlsteinparkplatz 16,60 Euro | www. kehlsteinhaus.de*

### KÖNIGSSEE ★
**(127 D–E 3–4) (*M11*)**
Er ist und bleibt der schönste Gebirgssee der Alpen (5 km von Berchtesgaden). Fast wie ein norwegischer Fjord schmiegt sich der Königssee schmal und

Stilles Wasser und ein kleines Kirchlein: Sankt Bartholomä am Königssee

### KEHLSTEINHAUS ❋ (127 E3) (*N10*)
Von der NS-Bastion, die dereinst auf dem Obersalzberg thronte, ist heute zum Glück nicht mehr viel zu sehen. Zu den Relikten gehört das Kehlsteinhaus in 1834 m Höhe (11 km von Berchtesgaden), das in eine kulturelle Stiftung umgewandelt wurde und einen prächtigen Panoramablick zu bieten hat, der bis nach Salzburg reicht. Von Hintereck aus fahren Busse über die kühn angelegte, private Kehlsteinstraße auf 1700 m. Die letzten Höhenmeter legen Sie zu Fuß durch einen Tunnel und schließlich in einem mes-

über eine Länge von fast 8 km in die Gebirgslandschaft. Sein Wasser ist sauber, still und von geheimnisvollem Grün. In ihm spiegelt sich die Watzmannostwand, mit 2000 m Höhe die größte Felswand der Ostalpen. Besonders schön erschließt sich das Szenario bei einer Fahrt auf den Elektrobooten, die am Malerwinkel, am wild rauschenden Königsbachfall und an der berühmten Echowand vorbei (wird mit einem Flügelhorn getestet) bis nach *Salet* gleiten. Von dort kann man in einer Viertelstunde an den etwas höher gelegenen *Obersee* wandern. Die meis-

# BERCHTESGADEN

ten Gäste aber steigen schon in *Sankt Bartholomä* aus, wo die viel fotografierte Zwiebelturmkirche steht und Familie Amort in ihrem *Fischerstüberl (April–Okt. tgl. | Tel. 08652 3119 | €)* frisch geräucherte Fische serviert. Köstlich sind die INSIDER TIPP Schwarzreiter, kleine Saiblinge, die es nur im Herbst gibt. *Auskunft: Bayerische Seenschifffahrt (Schönau | Tel. 08652 9 63 60 | www.seenschifffahrt.de)*

### MARIA GERN ★ ● (127 E2) (*M10*)
Eine der heitersten Erscheinungen im Berchtesgadener Land ist die Wallfahrtskirche Maria Gern (7 km von Berchtesgaden). Die Wanderung dorthin dauert vom Berchtesgadener Ortskern aus nur 45 Minuten. Mit Watzmann und Kneifelspitze als alpinem Hintergrund, neben der alten Schule und dem Wirtshaus gelegen, weckt das bäuerlich-barocke Gotteshaus mit seinen vielen Votivtafeln Sehnsüchte nach der guten alten Zeit.

### MARKTSCHELLENBERG
(127 E1) (*N9*)
Auch diese kleine Marktgemeinde (10 km von Berchtesgaden) entstand um eine – inzwischen aufgegebene – Saline herum. Der Ferienort liegt zu Füßen des geheimnisvollen Untersbergs. Nicht minder sagenumwoben ist die berühmte *Schellenberger Eishöhle (geöffnet von Juni, nach der Schneeschmelze, bis etwa Okt. tgl. 10–16 Uhr | nur mit Führung | Eintritt 8 Euro | www.eishoehle.net)*, die auf über 1500 m unterhalb des Salzburger Hochthrons liegt: Nach zweistündigem Aufstieg geht es, vorbei an vier zu blankem Eis erstarrten Wasserfällen, hinein in den einzigartigen „Eispalast". Etwas Besonderes ist die am Eingang zur Almbachklamm gelegene *Kugelmühle:* Seit dem 17. Jh. werden hier im rauschenden Wasser Marmorkugeln geschliffen, die Sie auch kaufen können. Feine bayerische Schmankerl und international Inspiriertes gibt es im *Gasthaus Oberstein (Mo geschl. | Scheffauer Str. 19 | Tel. 08650 2 57 | €€)*. www.marktschellenberg.de

### NATIONALPARK BERCHTESGADEN ★
(126–127 C–E 3–5) (*K–N 10–12*)
Die Natur sich selbst überlassen – das ist die Idee, die hinter dem Nationalpark Berchtesgaden steht. Das 210 km² große Gebiet, das den Süden des Berchtesgadener Landes mit Watzmann, Königssee, Hochkalter, Steinernem Meer und Göllgruppe umfasst, ist der größte Nationalpark Deutschlands. 190 km Wanderwege und acht Hütten laden zu herrlichen Touren durch eine nahezu unberührte Gebirgslandschaft ein. Ebenso eine Ent-

## SCHICKSALSBERG

Der Bann des Watzmanns ist ungebrochen. Schon viele Bergsteiger wollten Deutschlands zweithöchsten Berg bezwingen, insbesondere die nahezu 2000 m steil aufragende Ostwand. Über 100 Wagemutige haben diesen Wunsch mit dem Leben bezahlt. Auch von unten ist das Bergmassiv beeindruckend: der Watzmann selbst im Westen, die niedrigere Watzmannfrau im Osten und dazwischen drei kleine Watzmannkinder. Die Watzmannfamilie soll übrigens einer Mär nach wirklich gelebt haben – bis sie zur Strafe für die Gottlosigkeit des Vaters in Stein verwandelt wurde.

# BERCHTESGADENER LAND

deckungstour wert ist das Nationalparkzentrum „Haus der Berge", in dem es eine ganz besondere, 1000 m² große Dauerausstellung gibt: Die verschiedenen Lebensräume der Alpen werden als multimediale Panoramen dargestellt, durch am Hang, in bezaubernder Lage, steht die Wallfahrtskirche *Sankt Maria Kunterweg*. Eine gute Einkehr, vor allem mit Kindern, ist der 🌱 *Stoecklhof* oberhalb von Ramsau, wo die Bäuerin aus der Biomilch ihrer Kühe köstliches Eis herstellt.

Der Berg muht: Im Sommer weiden glückliche Kühe auf den Almen vorm Watzmann

die Sie sich von unten nach oben – wie im Gebirge – bis in die Felswelt durcharbeiten. *Nationalparkzentrum Berchtesgaden (tgl. 9–17 Uhr | Eintritt 4 Euro | Hanielstr. 7–11 | Tel. 08652 9 79 06 00 | www.nationalpark-berchtesgaden.de)*

### RAMSAU UND HINTERSEE
(126–127 C–D3) (*L10*)

Berühmt und wunderschön ist die barocke *Pfarrkirche Sankt Fabian und Sebastian* im Dorf *Ramsau* (8 km von Berchtesgaden) mit ihrem Kreuzrippengewölbe aus dem frühen 16. Jh. Klettermaxe wird ein Besuch auf dem nahen **INSIDER TIPP** *Bergfriedhof* nachdenklich stimmen, dessen Grabsteine von tragischen Bergschicksalen berichten. Etwas weiter oben Von Ramsau führt ein idyllischer Themenwanderweg durch den *Zauberwald* zum malerisch gelegenen ★ *Hintersee*, einer Art Idealbild des romantischen Bergsees, in dem sich sehr ansprechend die Hochfläche der Reiteralpe spiegelt. Der Weg ist Malern wie Carl Rottmann und Carl Spitzweg gewidmet, die hier vor 200 Jahren gern arbeiteten, und lässt Wanderer die Wirklichkeit mit dem künstlerischen Abbild vergleichen. Der *Gasthof Auzinger (Do geschl. | Hirschbichlstr. 8 | Tel. 08657 2 30 | www.auzinger.de | €),* in dem sich die Maler damals trafen, ist auch heute noch eine hinreißende Adresse. In der Woche, wenn es hier ruhiger ist, lohnt sich der Besuch am Hintersee besonders. *www.ramsau.de*

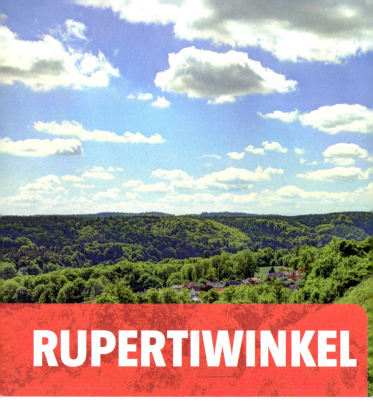

# RUPERTIWINKEL

**Rupertiwinkel – ein schöner Name für ein schönes Stück Land. Doch ganz so urbayerisch, wie er sich anhört, ist der Landstrich an der Salzach, der sich von Freilassing im Süden bis Tittmoning im Norden hinzieht, nicht.**

1275 gaben die bayerischen Wittelsbacher den Rupertiwinkel im Tausch gegen den Chiemgau an Salzburg, und erst nach dem Wiener Kongress 1816 kam die Region wieder an Bayern zurück. Seinen Namen hat das voralpenländische Idyll vom hl. Rupertus, einem Wormser Missionar, der um das Jahr 700 im heutigen Salzburg einen Bischofssitz errichtete und seither als „Salzheiliger" verehrt wird. Der Rupertiwinkel umfasst kein offiziell festgelegtes Gebiet. Der Name bezeichnet die kleinen, stillen, salzburgisch inspirierten Städte an der Salzach, zu denen meist auch das schöne Burghausen gezählt wird, obwohl es immer bayerisch gewesen ist. Gemeint ist auch das sanft gewellte Wald-, Wiesen- und Ackerland, das mit seinen abgeschlossenen Drei- und Vierkanthöfen rund um den als Badegewässer beliebten Waginger See liegt. Der Rupertiwinkel ist vor allem eins: eine unaufdringliche, in sich ruhende Welt.

# BURGHAUSEN

*(121 D2–3)* *(L2–3)* **So mancher Besucher Burghausens (17 000 Ew.) ringt erst**

Bild: Wallfahrtskirche Marienberg

## Als wärs ein Stück von Österreich: Entlang der Salzach sind die Spuren der Salzburger Vergangenheit nicht zu übersehen

einmal nach Worten für das, was sich da vor seinen Augen auftut.

Gern zitiert wird Adalbert Stifter. Angesichts der wunderbar erhaltenen Altstadt, über der sich auf einem Höhenrücken die imposante Burg erstreckt, schrieb er, Burghausen sehe aus, als sei es „aus einem altdeutschen Gemälde herausgeschnitten und hierhergestellt worden". Westlich des Burgbergs, jenseits des Wöhrsees, liegt das neue Burghausen – zweckmäßig, modern und undramatisch.

### SEHENSWERTES

#### ALTSTADT

Auch auf Burghausens bemerkenswertem und geschlossenem *Stadtplatz* dominiert die charakteristische Inn-Salzach-Bauweise, verstecken sich Grabendächer hinter den hochgezogenen Fassaden, kleben an den der Salzach zugewandten Häuserfronten oft mehrstöckige Holzgalerien. Ein Traumpalais in Blau ist das ehemalige *Kurfürstliche Regierungsgebäude.* In dem im Rokokostil geschmück-

# BURGHAUSEN

ten *Tauffkirchen-Palais* residiert heute das Amtsgericht. Vom Stadtplatz aus sollten Sie die Straße *In den Grüben* zur *Spitalvorstadt* hinauswandern; auch hier gibt es schöne Fassaden, Laubengänge und viele stilvolle Geschäfte.

sen. Beeindruckend sind die mannigfaltigen Türme – der *Prechtlturm,* der sowohl Rainer Maria Rilke als auch (viel früher) den Burghauser Scharfrichter beherbergte, der *Folterturm* (Museum) oder das *Aventinhaus,* ein vergrößerter Wehrturm, in dem 1510 der Aventin genannte bayerische Geschichtsschreiber Johannes Turmair lebte.

Fast wie die Händler im Mittelalter: Plättenfahrt auf der Salzach

### BURG ★

Mit ihren 1043 m Länge und sechs Höfen ist sie Europas ausgedehnteste Burganlage. Von der Altstadt aus führen Stiegen und Treppen hinauf, doch am besten erobert man sie von der Nordseite aus. Die Burg, erstmals erwähnt 1205, wurde zum Ende des 15. Jhs. vom Landshuter Herzog Georg dem Reichen zur heute sichtbaren Sechs-Burgen-Befestigung ausgebaut. Um Feinden den Angriff so schwer wie nur möglich zu machen, wurden vor die bewohnte Hauptburg fünf „Vorburgen" gestellt, durch die sie sich erst hätten hindurchkämpfen müssen.

Die Burg war einst wie eine kleine Stadt für sich: Hier waren Wohnungen für das Personal untergebracht, gab es Werkstätten, Getreidekammern und Ställe. Nur im innersten Burghof lebten die fürstlichen Hausherren selbst. Um ihn herum stehen noch heute *Kemenate* und *Fürstenbau,* der heizbare *Dürnitzraum,* die frühgotische *Elisabethkapelle,* die *Schatzkammer* und der *Kerker* für die besseren Gefangenen (zu denen z. B. Erzbischof Pilgrim II. von Salzburg zählte).

# RUPERTIWINKEL

In den Räumen der ehemaligen Kemenate, des Frauentrakts, befindet sich das *Stadtmuseum (15.–31. März, Okt. tgl. 10–16, April–Sept. tgl. 9–18 Uhr | Eintritt 4,50 Euro)*. Es zeigt das mittelalterliche Leben auf der Burg, aber auch die Burghausener Stadtgeschichte zwischen Hexenverfolgung und chemischer Industrie. Im *Burgmuseum (April–Sept. tgl. 9–18 Uhr, Okt.–März tgl. 10–16 Uhr | Eintritt 4,50 Euro)* in der Hauptburg dagegen spazieren Sie durch die herzoglichen Wohnräume und die Gemäldesammlung.

## ESSEN & TRINKEN

### INSIDER TIPP ▶ PRITZLWIRT

Hier stimmt nicht nur der Rahmen – ein geschmackvoll-unaufdringlich restaurierter Gutshof – sondern auch das, was auf den Tisch kommt. Ob Schweinebrust mit Quittengelee oder Lachs mit Lauchsoufflé, das Gastgeberpaar bewirtet Sie gekonnt und mit leichter Hand. *Mi–Fr mittags und Mo/Di geschl. | Pritzl 102 | Tel. 08677 4488 | www.pritzlwirt.de | €€*

## EINKAUFEN

### BARBARINO

Hinten liegt die Werkstatt, vorne können Sie die aktuelle Barbarino-Dirndlkollektion frisch aus der Fertigung erwerben: zurückhaltend, klassisch, wunderschön – ein wohltuendes Kontrastprogramm zur „Landhausmode". *Stadtplatz 116 | www.barbarino-burghausen.de*

## FREIZEIT & SPORT

### PLÄTTENFAHRTEN

Plätten sind Nachbauten der alten, flachen Kähne, mit denen im Mittelalter das Salz flussaufwärts in Richtung Inn und Donau gebracht wurde. Heute werden sie für romantische Salzachfahrten von Tittmoning nach Burghausen genutzt. Zu besonderen Anlässen starten gelegentlich auch musikalische Plättenfahrten mit Jazzuntermalung. *Mitte Mai–Mitte Sept. | ab 17 Euro (zzgl. Busfahrt) | Anmeldung bei der Tourist-Information*

### WÖHRSEE

Westlich des Burgbergs erstreckt sich der längliche Wöhrsee mit seinen Parkanlagen. Am Südufer liegt das *Strandbad (Mai–Sept. tgl. 8–20 Uhr | Eintritt 3,50 Euro)*, wo es einen Bootsverleih gibt. Kinder können sich dort auf dem Abenteuerspielplatz austoben.

## AM ABEND

### KNOXOLEUM

In dem uralten, säulengestützten Gewölbekeller gibt es zu trinken, zu essen und jede Menge zu gucken und zu hören – zwischen kreativem Mobiliar, originellen Kunstinstallationen und regelmä-

---

## MARCO POLO HIGHLIGHTS

★ **Burg in Burghausen**
Beeindruckende 1000-m-Anlage hoch über der Stadt → S. 80

★ **Raitenhaslach**
Himmlische Rokokopracht in der Abteikirche, irdische Stärkung im Klostergasthof → S. 83

★ **Tittmoning**
Gut erhaltenes Inn-Salzach-Städtchen → S. 83

★ **Baiuvarenmuseum**
In Waging befindet sich das einzige Museum, das sich den rätselhaften Vorfahren der Bayern widmet → S. 87

# BURGHAUSEN

ßigen Livemusik- und Theaterevents. *Tgl. ab 18 Uhr | In den Grüben 133 | Tel. 08677 916191 | www.knoxoleum.de*

## ÜBERNACHTEN

### HOTEL GLÖCKLHOFER
Modernes und sehr komfortables Hotel im neuen Burghausen. Im kleinen, feinen Wellnessbereich werden Ölpackungen auf der Hamamliege und Heubäder verabreicht. Üppiges Frühstücksbuffet. *60 Zi. | Ludwigsberg 4 | Tel. 08677 9164 00 | www.hotel-gloecklhofer.de | €€*

### HOTEL POST
Gemütliches, traditionsbewusstes Haus am Stadtplatz. Hier gibt es auch Zimmer mit Burgblick. Im zugehörigen Restaurant *(tgl.)* wird gute bayerische Küche serviert. *24 Zi. | Stadtplatz 39 | Tel. 08677 96 50 | www.altstadthotels.net | €€*

## AUSKUNFT

Tourist-Information *(Stadtplatz 112 | Tel. 08677 88 71 40 | www.visit-burghausen.com)*

## ZIELE IN DER UMGEBUNG

### ACH (121 D3) (*L3*)
Über die Salzachbrücke geht's nach Oberösterreich und dort linksab ins Dörfchen Ach (2 km von Burghausen), das vor allem eine steile Serpentinenstraße bereithält, die den Uferhang hinaufführt. Oben gibt es eine ⚜ *Aussichtskanzel,* an der sich abends die Acher Jugend trifft. Der Blick über Burghausens Burg und Altstadt ist atemberaubend schön. Wer anschließend einen Schluck vertragen könnte, besucht eines der Weingasthöfe, mit denen Ach aufwartet. Besonders zu empfehlen ist das *Weinhaus Pachler (Mo/Di geschl. | Ach 14 | Tel. 0043 7727 22 06 | www.weinhauspachler.at | €)* mit schöner ⚜ Terrasse.

### MARIENBERG (120 C3) (*K3*)
Marienberg (6 km von Burghausen) ist einer der ältesten Wallfahrtsorte Süddeutschlands und ein recht prachtvoller dazu. Die Zisterzienser von Raitenhaslach errichteten die Wallfahrtskirche Ende des 18. Jhs. ganz im Stil des Spätrokokos hoch über dem Salzachtal: 53 Treppenstufen sind zu erklimmen, bevor Sie die „schönste Blüte des ländlichen Rokokos" anschauen dürfen, deren Wahrzeichen der beinahe quadratische Zentralbau und die etwas zu kurz geratenen Türme sind. Achten Sie im Innenraum besonders auf den Hochaltar mit dem engelumschwebten Gnadenbild der

---

## LOW BUDG€T

*Gerbereimuseum Tittmoning (Mai–Sept. Mi–So 13–17 Uhr | Burg Tittmoning | www.burg-tittmoning.de):* Hier lernen Sie das historische Gerbergewerbe kennen. Der Eintritt ins Museum ist frei.

Das ● *Strandbad am Abtsdorfer See (an der Landstraße von Laufen nach Saaldorf)* mit alten Holzumkleiden aus den 1930er-Jahren ist nicht nur herrlich nostalgisch, sondern auch völlig umsonst.

● *Designer-Outlet Salzburg (Kasernenstr. 1 | Wals-Himmelreich | Salzburg | www.mcarthurglen.com):* Gleich hinter Freilassing gibt es über 200 Designerlabels (u. a. Strenesse, Jil Sander, Hugo Boss) um bis zu 70 Prozent günstiger.

# RUPERTIWINKEL

Muttergottes und das farbenreiche Kuppelfresko des Münchners Martin Heigl.

### RAITENHASLACH ⭐ (120 C3) (*K3*)

Im 12. Jh. siedelten sich Zisterziensermönche vom Bodensee in den waldreichen Innauen 8 km südlich Burghausens an und führten ihr Kloster im Lauf der Jahrhunderte zu großer wirtschaftlicher und kultureller Blüte. Die Abteikirche zeugt heute noch davon. Äußerlich zwar nur von sehr schlichtem Barockgepräge, entfaltet sie im Inneren eine schier unglaubliche Rokokopracht: überbordende Stuckatur (die dem Wessobrunner Johann Baptist Zimmermann zugeschrieben wird), goldgerahmte Adelswappen und Fresken von Johann Zick, die das Leben des Bernhard von Clairvaux zum Thema haben. Die Ausstattung des Gotteshauses ist ein Farbenrausch in Weiß, Gold und Rottönen, der schwindlig macht, den Sie sich aber unbedingt gönnen sollten.

Irdischere Genüsse bietet nebenan der 🔵 *Klostergasthof Raitenhaslach (tgl. | Tel. 08677 97 30 | www.klostergasthof. com | €, Übernachtung €€),* der kaum Wünsche offen lässt: bürgerlich-bayerische Küche, ein wunderschöner kleiner Biergarten und 14 Zimmer für jene,

Die Abteikirche von Raitenhaslach ist umwerfend üppig ausgestaltet – Rokoko!

die den herrlichen Ort gern noch etwas länger genießen möchten.

### TITTMONING ⭐ 🌿 (120 C4) (*K4*)

Als Erstes sollten Sie die mächtige *Burg* besteigen, die im 13. Jh. als Festung gegen Bayern (also gegen Burghausen) erbaut und später von den Salzburger Fürstbischöfen als Jagdschloss genutzt wurde. Ein Besuch lohnt sich nicht nur wegen der schönen Aussicht über Stadt und Salzachtal: Eines der schönsten Museen Oberbayerns, das *Museum Rupertiwinkel (Mai–Sept. Mi–So 14 Uhr Führung, 13–17 Uhr Besichtigung von drei Sälen auch ohne Führung | Eintritt mit Führung*

# LAUFEN

*3 Euro, ohne Führung 1,50 Euro)*, hat im historischen Kavalier- und Prälatenstock der Burg ein angemessenes Quartier gefunden. Zum außergewöhnlichen Bestand gehört eine Sammlung von über 130 alten bayerischen Schützenscheiben und 180 schmiedeeisernen Grabkreuzen. Sehenswert ist auch die saalartige Schlosskapelle *Sankt Michael* (1693). Ihren Marmorhochaltar schmückte der Barockmaler Johann Michael Rottmayr mit einer großartigen Darstellung des Engelsturzes. Von der Burg aus können Sie durch eine idyllische Wald- und Wildbachlandschaft zum INSIDER TIPP *Leitgeringer See* spazieren. Tittmoning (12 km von Burghausen, 6000 Ew.) selbst ist ein fast schon italienisch anmutendes Städtchen mit 400 m langem *Stadtplatz,* dessen bunt bemalte Häuser in der Inntalbauweise errichtet sind. Das *Rathaus* verzieren vergoldete Büsten römischer Cäsaren. Zahlreiche alte Denkmäler und Brunnen schmücken den Platz. Einkehr in der netten INSIDER TIPP *Dorfwirtschaft Asten* (Mo/Di geschl. | Am *Gangsteig 1 | Ortsteil Asten, 2 km von Tittmoning | Tel. 08683 4 84 | €),* einer Genossenschaftswirtschaft mit solider Küche und aussichtsreichem Biergarten. *Auskunft: Tourist-Info (Stadtplatz 1 | Tel. 08683 70 07 10 | www.tittmoning.de)*

Malerische Flussschleife: Die Schifffahrt auf der Salzach hat Laufen geprägt

# LAUFEN

**(121 E6) (*M6*) Wie eine Miniatur Wasserburgs wirkt Laufen (5500 Ew.), das einst zu Salzburg gehörte und schon im 8. Jh. urkundlich erwähnt wurde. Lange war es einer der wichtigsten Häfen für die Salzachschifffahrt.**

Vom Wasser umschlungen liegt es in einer Flussschleife der Salzach. Laufen ist eine geteilte Stadt: Nach dem Wiener Kongress (1814–15), auf dem die Salzach zum Grenzfluss erklärt wurde, kam der Ort an Bayern, seine am anderen Flussufer gelegenen Schiffervorstädte Altach und Oberndorf aber blieben bei Salzburg. Auch heute noch fühlt man sich trotz gezogener Landesgrenze einander eng verbunden, und über die schöne, ad-

# RUPERTIWINKEL

lergeschmückte Salzachbrücke führt ein reger Grenzverkehr.

## SEHENSWERTES

### STIFTSKIRCHE ZU UNSERER LIEBEN FRAU ZU LAUFEN

Die älteste gotische Hallenkirche Süddeutschlands ist aus einer romanischen Basilika hervorgegangen und rund 650 Jahre alt. Innen finden Sie schöne Gemälde des Barockmalers Johann Michael Rottmayr, der aus Laufen stammte und kaiserlicher Hofmaler in Wien wurde. Die Kirche ist an drei Seiten von niedrigen gotischen Laubengängen umgeben, in denen Epitaphe von Laufener Familien zu sehen sind. *Spannbruckerplatz 6*

## ESSEN & TRINKEN

### CAFÉ STEINBACH

Im liebevoll restaurierten alten Bauernhof gibt's tolle Torten, deftige Toasts und Pfannengerichte. *Di geschl. | Abtsdorfer Str. 2 | Tel. 08682 95 68 86 | €*

## ÜBERNACHTEN

### KAPUZINERHOF

Schlafen Sie in den restaurierten Originalzellen eines ehemaligen Klosters. Herrlich sitzt man zum Essen auf der idyllischen INSIDER TIPP Klostergartenterrasse. *55 Zi. | Schlossplatz 4 | Tel. 08682 95 40 | www.kapuzinerhof.de | €€*

## AUSKUNFT

*Tourist-Info (Rathausplatz 1 | Tel. 08682 89 87 49 | www.stadtlaufen.de)*

## ZIELE IN DER UMGEBUNG

### INSIDER TIPP ABTSDORFER SEE
(125 D1) (*L6*)

Still liegt am Rand eines ursprünglichen Landschaftsschutzgebiets der Abtsdorfer See (4 km von Laufen entfernt), ein warmes und leicht mooriges Gewässer – und eines voller Superlative: Er ist nicht nur einer der wärmsten Seen ganz Bayerns, sondern außerdem noch der fischreichste. Freuen Sie sich schon mal auf eine Begegnung mit einem der bis zu 50 cm langen Moorkarpfen!

Wenn Sie sich lieber bewegen als in der Sonne zu liegen, können Sie den See auch per pedes umrunden. Für die etwa 5 km lange Strecke auf Wald- und Wiesenwegen, die an mehreren Vogelbeobachtungsstationen vorbeiführen, sollten Sie rund 90 Minuten Gehzeit einkalkulieren.

# BUNDWERKVERZIERUNGEN

„Kunst am Balken" könnte man es nennen – das Bundwerk, einen einmaligen Ausdruck ländlicher Zimmermannskunst. Man versteht darunter eine Holzkonstruktion, die nur innen verschalt ist. Die Balken bleiben außen sichtbar und strukturieren so die Wand. Zusätzlich werden sie oft durch kostbare Schnitzereien oder den „Gitterbund" bereichert, ein Netz aus dicht gekreuzten Diagonalverstrebungen. Das Bundwerk ist typisch für Ställe und Scheunen des Rupertiwinkels und des nördlichen Chiemgaus. Woher diese Kunst kam, ist nicht geklärt. Man vermutet Südosteuropa als Wiege des Bundwerks.

# WAGINGER SEE

# WAGINGER SEE

**OBERNDORF** (121 E6) *(M6)*
Darf's ein kleiner Ausflug von 100 m ins Ausland sein? Ein Spaziergang über die Salzachbrücke führt nach Österreich. Das Zollhäusl dient nur noch der Dekoration. Drüben in Oberndorf gibt es neben malerischen alten Schifferhäusern vor allem den Geburtsort eines Liedes zu besichtigen, das weltweit Karriere gemacht hat: „Stille Nacht, heilige Nacht". Der Weihnachtsklassiker wurde 1818 von

(120 C6) *(K6)* **Der größte See Oberbayerns ist der Waginger See nicht, aber dafür der wärmste. Auf bis zu 25 Grad kann sich das leicht moorige und daher oft trübe wirkende Gewässer im Sommer erwärmen.**

Da erstaunt es auch nicht weiter, dass sich das 12 km lange Gewässer trotz vieler naturbelassener Uferregionen zu einem wahren Dorado für Planscher, Schwimmer und schließlich auch für Wassersportler entwickelt hat. Nur Motorboote sind nicht zugelassen. Der nördliche Teil des Waginger Sees, der nur durch eine schmale Wasserstraße mit dem südlichen Teil verbunden ist, wird *Tachinger See* genannt. Die Uferorte *Taching, Waging, Petting* und *Tettenhausen* haben sich zu beliebten Erholungsorten entwickelt, wobei es in Waging am lebhaftesten zugeht.

Dass der Waginger See früher eine erheblich größere Ausdehnung gehabt haben dürfte, erkennt man am **INSIDER TIPP** *Schönramer Filz*, einem herrlichen Moor- und Heidegebiet, das sich vom Südufer aus in Richtung Freilassing erstreckt und zu stundenlangen, einsamen Wanderungen einlädt.

Für Warmbader: direkt vom Badesteg in den Tachinger See springen

zwei Oberndorfern, dem Pfarrer und dem Lehrer, komponiert und am Weihnachtsabend in der Sankt-Nicola-Kapelle erstmals dargeboten. Die Kapelle fiel 1899 einem Hochwasser zum Opfer; an ihrer Stelle hat man zur Erinnerung an den historischen Moment eine *Stille-Nacht-Kapelle (www.stillenacht-oberndorf.com)* errichtet.

## SEHENSWERTES

Das am Westufer gelegene *Waging* (5000 Ew.) hat sich trotz vieler schrecklicher Brände und Zerstörungen das typische Gesicht der Inn-Salzach-Städte bewahrt. Die *Pfarrkirche Sankt Martin* (1698) hat einen gotischen Turm mit mächtiger Zwiebelhaube und reichem Wessobrunner Stuck im Langhaus. Im Vorort *Otting* lohnt die spätgotische *Kir-*

# RUPERTIWINKEL

*che Sankt Stephanus* mit ihren Fresken und Marmorgrabsteinen aus dem 15. und 16. Jh. eine kurze Visite. *Schloss Gessenberg*, schlicht, mit seinen rotweißen Fensterläden und vier Türmchen aber hübsch anzusehen, stammt von 1700 und war früher Grenzbefestigung der Salzburger Erzbischöfe.

### BAIUVARENMUSEUM ★
Bisher gab es kaum gesicherte Erkenntnisse über das geheimnisvolle Volk der Baiuvaren. Das Museum in Waging jedoch schafft Abhilfe: Umfangreiche Funde aus den Reihengräbern in Petting und Waging illustrieren Lebensweise und Kunstfertigkeiten der Vorfahren der Bayern. *Juni–Sept. Mo–Fr 8.30–17 (Juli/ Aug. ab 8 Uhr), Sa 9–13 Uhr, Okt.–Mai Mo–Fr 8–16 Uhr | Eintritt 2,50 Euro | Salzburger Str. 32*

## ESSEN & TRINKEN

### BACCHUS WAGING
In den Regalen finden Sie feine Tropfen aus ganz Europa. Dazu werden Ihnen Bruschetta, Toasts, Pizza und Antipasti serviert. Auch eine original italienische Espressomaschine gibt es. *So/Mo mittags geschl. | Marktplatz 4 | Tel. 08681 698571 | €*

## FREIZEIT & SPORT

### TENNIS-WELLNESSGARTEN
Das überregional bekannte Camp von Sepp Baumgartner bietet Tenniswochen mit Ganz- und Halbtagskursen an. Im sehr schönen Wellnessbereich erwarten Sie Tagesprogramme mit Beautytreatments und Massagen. Erholen können Sie sich auch im duftenden Sinnesgarten – hier wachsen in einer immergrünen Teichlandschaft exotische Pflanzen wie Japanische Zaubernuss, Felsenbirne und Schmetterlingsstrauch. *Angerpoint 5 | Waging | Tel. 08681 9845 | www.wellness-hotel-tennis.de*

## CAMPING

Den Waginger See säumen zahlreiche Campingplätze.

### CAMPING SCHWANENPLATZ
Die Alternative für alle, die sich mit Zelt oder Wohnwagen in ruhiger, idyllischer Lage niederlassen möchten. Der Platz liegt besonders hübsch an einer Landzunge mit schmalem Kiesstrand und hat moderne Sanitäranlagen. Auf Wunsch wird ein großes Frühstücksbuffet angerichtet! *Am Schwanenplatz 1 | Waging | Tel. 08681 281 | www.schwanenplatz.de*

### STRANDCAMPING WAGING AM SEE
Der große Campingplatz verfügt über eine gute Infrastruktur und ist – dank Wasserrutsche, Kinderanimation und Strandpartys – besonders lebendig. *Am See 1 | Waging | Tel. 08681 552 | www.strandcamp.de*

## ÜBERNACHTEN

### LANDHAUS TANNER
Mit Liebe geführtes kleines Hotel, in dem sich gemütliche Kachelöfen mit modernen Designzimmern und Regenwaldduschen bestens verbinden. Im *Restaurant (Di geschl. | €€–€€€)* wird bayerisch inspiriertes frisch und mit leichter Hand zubereitet. *4 Zi. | 5 Apartments | Aglassing 1 | Waging | Tel. 08681 69750 | www.landhaustanner.de | €€*

## AUSKUNFT

*Tourist-Info Waginger See (Salzburger Str. 32 | Waging | Tel. 08681 313 | www.waginger-see.de)*

# ERLEBNISTOUREN

## 1 DER CHIEMGAU PERFEKT IM ÜBERBLICK

**START:** ❶ Mühldorf
**ZIEL:** ⓯ Burghausen

**Strecke:** ca. 300 km

**4 Tage**
reine Fahrzeit
5½ Stunden

**KOSTEN:** ca. 470 Euro für zwei Personen (Übernachtungen, Essen, Benzin, Eintrittspreise)
**MITNEHMEN:** Badesachen, Mountainbike- und Wanderkleidung

**ACHTUNG:**
❾ **Weitsee:** Der Steig auf die **Hörndlwand** (1684 m) erfordert Trittsicherheit.
⓫ **Berchtesgaden:** Mountainbikeverleih z. B. bei *Sport Brandner (Bergwerkstr. 52)*

Diese Touren finden Sie als App unter go.marcopolo.de/chg

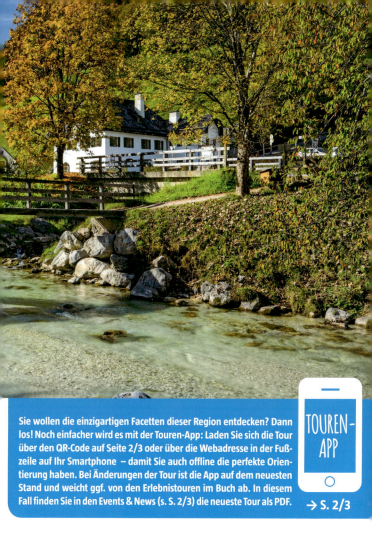

Sie wollen die einzigartigen Facetten dieser Region entdecken? Dann los! Noch einfacher wird es mit der Touren-App: Laden Sie sich die Tour über den QR-Code auf Seite 2/3 oder über die Webadresse in der Fußzeile auf Ihr Smartphone – damit Sie auch offline die perfekte Orientierung haben. Bei Änderungen der Tour ist die App auf dem neuesten Stand und weicht ggf. von den Erlebnistouren im Buch ab. In diesem Fall finden Sie in den Events & News (s. S. 2/3) die neueste Tour als PDF.

**TOUREN-APP** → S. 2/3

Lernen Sie die Vielfalt von Chiemgau und Berchtesgadener Land kennen und entdecken Sie Seen und bäuerliche Kulturlandschaft, historische Städte und dramatische Alpengipfel bei dieser Tour. Auch Sport und Genuss kommen nicht zu kurz!

Start ist in ❶ **Mühldorf** → S. 59 mit seiner heiteren Barockarchitektur. **Von hier aus fahren Sie am Inn entlang, weiter durch hügeliges Bauernland und vorbei an Unterreit in das romantische, in einer Innschleife gelegene Städtchen** ❷ **Wasserburg** → S. 62. Bei einem Spaziergang durch die mittelalterliche **Altstadt** gibt es solide Bürger-

**TAG 1**
❶ Mühldorf
46 km
❷ Wasserburg

Bild: Pfarrkirche in Ramsau

| | |
|---|---|
| 13 km | |
| ❸ Amerang 🏛 | |
| 16 km | |
| ❹ Rabenden ⛺ | |
| 6 km | |
| ❺ Kloster Seeon ⛺ | |
| 3 km | |
| ❻ Waltenbergstüberl 🍴 ❀ | |

häuser und wuchtige Arkadengänge zu entdecken. Genießen Sie aber auch eine Pause im Kaffeehaus **Die Schranne**. Über kleine Landstraßen gelangen Sie in südöstlicher Richtung nach ❸ Amerang → S. 64. In dem sehenswerten Dorf gibt das **Bauernhausmuseum** einen Einblick in die Agrarkultur des Chiemgaus. **Einen weiteren Zwischenstopp sollten Sie in** ❹ **Rabenden → S. 42 einlegen.** Der spätgotische Flügelaltar in der Dorfkirche **Sankt Jakob** ist ein Meisterwerk. **Weiter geht es zum** ❺ **Kloster Seeon → S. 43**, wo die Zwiebeltürme der Klosterkirche über den gleichnamigen See wachen. Einen besonders schönen Blick über das gesamte Ensemble haben Sie beim Mittagessen im ❻ **Waltenbergstüberl**.

# ERLEBNISTOUREN

Ihr nächstes Ziel ist der **Chiemsee**, dessen Ufer Sie bei **Seebruck → S. 42** erreichen. Von hier aus gondeln Sie am Wasser entlang bis in den Ferienort **❼ Prien → S. 33**. Unterwegs bieten sich herrliche Ausblicke auf die Kampenwand → S. 48. **Am Priener Hafen legt der Dampfer nach ❽ Frauenchiemsee → S. 37 ab:** Lassen Sie sich übersetzen und spazieren Sie einmal rund um die idyllische kleine Fischerinsel! Sie können hier auch wunderbar übernachten.

Bevor Sie den Chiemsee verlassen, lassen Sie sich **in Prien** beim **Winklfischer** INSIDER TIPP **eine geräucherte Renke einpacken** – Sie werden sie später für ein Picknick brauchen. **Über Grassau → S. 49** fahren Sie nach **Reit im Winkl → S. 50**. Hier gelangen Sie auf die Deutsche Alpenstraße, die durch eine unberührte Gebirgswelt ostwärts führt. **Wenige Kilometer hinter Reit im Winkl liegt rechts der Straße der hübsche ❾ Weitsee**, dessen Wasser Trinkwasserqualität besitzt. Ziehen Sie die Wanderstiefel an und **steigen Sie vom Weitsee aus die 1684 m hohe Hörndlwand hinauf.** Die Aussicht vom Gipfel reicht weit nach Österreich hinein. Vier Stunden sollten Sie für die gesamte Wanderung mit Pause einplanen. Worauf warten Sie jetzt noch? Hinein in die Badehose – und in den See! Anschließend schmeckt beim Picknick am Ufer die Renke aus Prien besonders gut.

Hinter **Inzell → S. 53** schraubt sich die Deutsche Alpenstraße ins Lattengebirge hinein. Besuchen Sie in **❿ Ramsau → S. 77** das hübsche Wallfahrtskirchlein **Sankt Maria Kunterweg** und **wandern Sie durch den Zauberwald** zum romantisch gelegenen **Hintersee**. Dort lassen Sie den Tag auf der Terrasse der **Seeklause** (tgl. | Tel. 08657 9199 38 | www.hintersee-gasthaus-seeklause.de | €) bei einer großen Portion Kaiserschmarrn ausklingen.

**Von Ramsau sind es nur wenige Kilometer nach ⓫ Berchtesgaden → S. 72**, über dessen Stiftskirche der Watzmann seine gewaltige steinerne Schere erhebt. Lassen Sie sich im **Salzbergwerk → S. 107** auf eine spektakuläre „Salzzeitreise" entführen. Richtig auspowern können Sie sich danach auf einer **Mountainbiketour zur ⓬ Gotzenalm.** Planen Sie insgesamt 4–5 Stunden Zeit auf dem Sattel ein – und gönnen Sie sich eine Ruhepause auf der gleichnamigen **Berghütte**, mit Blick auf die mächtige Watzmann-Ostwand! Nach der langen Fahrt haben Sie sich **Erholung in ⓭ Bad Reichenhall → S. 66** verdient. In der **Rupertus-Therme** können Sie Ihre Muskeln in acht verschiedenen Saunen

und Dampfbädern entspannen und sich auf Wunsch auch kräftig durchmassieren lassen.

Beginnen Sie den Tag mit einem Spaziergang unter Palmen und einem Frühstück im **Café Reber**. **Dann fahren Sie weiter in den stillen Rupertiwinkel und dort zunächst nach ⑭ Tittmoning → S. 83.** Die typische Inn-Salzach-Architektur lassen Sie bei einem Kaffee auf dem **Stadtplatz** auf sich wirken. **In ⑮ Burghausen → S. 78** erwartet Sie die längste **Burg** Europas. In der **Altstadt** lädt die romantische Gasse **In den Grüben** mit ihren Geschäften zum Bummel ein. Einen wunderbaren Abschluss findet Ihre Tour auf dem Stadtplatz mit seinem hübschen Rokokopalais, dessen Anblick Sie von der Terrasse des Wirtshauses **Augustiner am Stadtplatz** *(Mo geschl. | Bruckgasse 104 | Tel. 08677 8 78 59 00 | €€)* aus genießen können.

# ② RADL- UND BADETOUR ZU DEN CHIEMGAUER SEEN

**START:** ① Rimsting
**ZIEL:** ① Rimsting

**2 Tage**
reine Fahrzeit
4½ Stunden

Strecke: 🚲 60 km

**KOSTEN:** 180–250 Euro für zwei Personen (Übernachtung, Essen, Strandbäder)
**MITNEHMEN:** Badesachen, Sonnen- und Regenschutz

**ACHTUNG:** Radverleih: *Chiemsee Kaufmann (Osternacher Str. 120 | Prien | Tel. 08051 88 77 | www.chiemsee-kaufmann.de)*
Den Chiemsee-Uferweg nutzen auch Fußgänger. Vorsichtig fahren! Die Eggstätt-Hemhofer Seenplatte ist ein fragiles Ökosystem. Bitte nur an den ausgewiesenen Badestellen ins Wasser gehen.

Der Chiemsee erfreut sich großer Bekanntheit. Doch nördlich des „Bayerischen Meers" geht es erst richtig los mit dem Badespaß. Jede Menge kleine Seen, darunter die Eggstätt-Hemhofer Seenplatte mit 17 Gewässern, haben die Eiszeitgletscher hier hinterlassen – oftmals moorige, aber idyllische Oasen, eingebettet in eine bäuerlich gepflegte Kulturlandschaft.

Im Ortszentrum von ① **Rimsting** biegen Sie in die Seestraße ein und fahren durch die Eisenbahnunterführung zur Schafwaschener Bucht, wo Sie sich links in den be-

# ERLEBNISTOUREN

schilderten Chiemsee-Rundweg einfädeln, einen kombinierten Rad-/Fußweg. Bei Hochstätt liegt linker Hand ein wunderschöner alter Bauernhof; auch der Blick über den See ist einzigartig. **Hinter Hochstätt führt der Weg zum Seeufer hinunter und von nun an stets direkt am Ufer entlang. In ❷ Gstadt → S. 38** können Sie sich bei **Bagel & Coffee** *(tgl. | Seeplatz 4 | www.chiemsee-coffee.de)* erst mit dem zweiten Kaffee des Tages stärken und dann im **Strandbad des Naturparks Hofanger** (am Ortsausgang) den ersten Badestopp einlegen und den INSIDER TIPP künstlichen Eisberg im Wasser erklettern! Hier bietet sich ein herrlicher Blick auf die Insel Frauenchiemsee → S. 37; dahinter ragen die Chiemgauer Alpen in den Himmel. **Nach weite-**

Verlockt zu einem erfrischenden Badestopp: der Langbürgner See

ren 12 km durch Wiesen und Felder erreichen Sie das hübsche Dorf ❸ **Seebruck → S. 42**. Zeit für eine Mittagsrast! Kaufen Sie sich beim Fischer **Kirchmeier** *(Mi–Sa 10–18 Uhr | Traunsteiner Str. 2)* eine geräucherte Renke und genießen Sie sie auf dem langen Holzsteg des **Seebrucker Strandbads** *(Am Chiemseepark)*.

**Von der Seebrucker Hauptstraße biegen Sie nordwärts in die Wasserburger Straße ein** und radeln, vorbei an stattlichen Bauernhöfen und über die Ischler Achen, durch eine herrliche oberbayerische Kulturlandschaft. **500 m hinter Roitham biegen Sie rechts ab in Richtung ❹ Seeon → S. 43** – und legen sich im **Seeoner Strandbad** entspannt auf die Liegewiese am See. Schön ist der Blick übers Wasser auf das ehemalige Benediktinerkloster.

**Zurück auf der Wasserburger Straße, radeln Sie locker weiter ins Dorf ❺ Obing**, dessen spitzer neugotischer Kirchturm schon von Weitem grüßt und zu einem kleinen Rundgang durch die **Pfarrkirche** mit ihren bedeutenden Schnitzwerken einlädt. Im stattlichen Gasthof **Oberwirt** *(50 Zi. | Küche Do–Di tgl., am Mi nur für Hausgäste | Kienberger Str. 14 | Tel. 08624 8 91 10 | www.oberwirt. de | €€)* können Sie unter den Kastanien im Biergarten zu Abend essen und komfortabel übernachten. Und am nächsten Morgen in den **Obinger Dorfsee** springen! Er liegt gleich vor der Hoteltür.

**Kurz vor dem Ortsende Obings geht es nach links auf den Radweg in Richtung Amerang** und in sanftem Auf und Ab durch saftige Wiesen westwärts. **Bei Aiglsham biegen Sie rechts nach Allerding ab, dann links nach Schachen und fahren über Taiding nach ❻ Amerang → S. 64**. Beim historischen **INSIDER TIPP Wirth von Amerang** *(tgl. | Postweg 4 | Tel. 08075 18 59 18 | www.wirth-von-amerang. de)* erfrischen Sie sich mit einer Radlerhalben im schattigen Biergarten und **radeln dann südwärts** – rechter Hand liegt **Schloss Amerang** – **über Oberratting weiter nach ❼ Höslwang**, dessen Kirchturmzwiebel schon bald hinter den Hügeln auftaucht. Hier können Sie sich im net-

❸ Seebruck

7 km

❹ Seeon

6 km

❺ Obing

**TAG 2**

10 km

❻ Amerang

6 km

❼ Höslwang

# ERLEBNISTOUREN

ten **Café Vivarium** *(Mo/Di geschl., Mi–Fr ab 14, Sa/So ab 12 Uhr geöffnet | €€)* mit feinen Salaten und Biospezialitäten stärken.

**Fahren Sie auf einer kleinen Landstraße nun weiter südwärts und über Gachensolden an den ❽ Pelhamer See**, der seines Moorwassers wegen immer besonders warm ist. Vom Steg gegenüber des Hotels Seeblick können Sie hineinhechten! **Erfrischt biken Sie nun auf dem Radweg nach Stephanskirchen und weiter nach Hemhof, wo Sie links Richtung Eggstätt abbiegen und gleich wieder rechts zum ❾ Langbürgner See, Ihrem letzten Badestopp. Über Stetten fahren Sie dann zurück nach ❶ Rimsting** und gönnen sich zum Abschluss im **Seecafé Toni** *(Mo–Mi geschl. | Hochstätt 8 | Tel. 08054 5 77 | €)* die gerösteten Semmelknödel mit Speck und Ei – natürlich mit Seeblick!

## ❸ RUND UM DEN WATZMANN

**START:** ❶ Parkplatz Wimbachbrücke
**ZIEL:** ❶ Parkplatz Wimbachbrücke

**11 Stunden** reine Gehzeit
8 Stunden

Strecke: mittel
📍 26 km  📊 Höhenmeter: 1500 m

**KOSTEN:** 90 Euro für zwei Personen (inkl. Schiffs- und Busfahrt und Eintritt für die ❷ Wimbachklamm)
**MITNEHMEN:** Wanderschuhe, Sonnen- und Regenschutz, warmer Pullover, Proviant

**ACHTUNG:** Die Tour ist technisch nicht anspruchsvoll, erfordert aber Kondition, Bergerfahrung, Trittsicherheit und Schwindelfreiheit. Die einzelnen Wegetappen sind gut markiert und ausgeschildert. Die Tour kann auch in umgekehrter Richtung gegangen werden.
❷ **Wimbachklamm:** Die Holzstege sind nass – Rutschgefahr!
❻ **Sankt Bartholomä:** Das letzte Schiff nach Schönau fährt um 18.30 Uhr.

Ah, der Watzmann! Zugegeben: Eine Gipfelbesteigung wird bei Nachbarn und Kollegen den tieferen Eindruck hinterlassen. Dennoch wird hier die schlichte Umrundung des Sehnsuchtsbergs empfohlen, und das aus zweierlei Gründen. Zum einen ist sie landschaftlich besonders reizvoll, zum anderen auch für durchschnittliche Wanderer und Bergsteiger ohne Gefahr für Leib und Leben zu machen.

**07:00** Los geht's am ❶ **Parkplatz Wimbachbrücke** in **Ramsau** → S. 77 – und gleich mit einem High-

❶ Parkplatz Wimbachbrücke

95

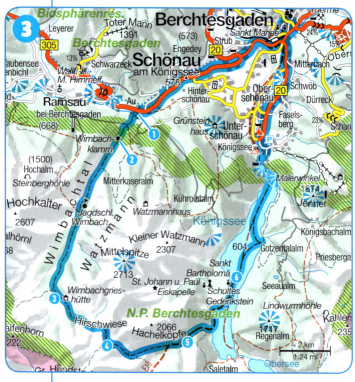

light: Auf Holzstegen **wandern Sie durch die 500 m lange** ❷ **Wimbachklamm**, eine beeindruckende Felsschlucht voll tosender Wassermassen. **Hinter der Schlucht geht es** auf bequemem Forstweg, am rauschenden Bach entlang, **gut 8 km weit und nicht allzu steil hoch durch das Wimbachtal** (auch Wimbachgries genannt), das von mächtigen Schuttströmen geprägt ist und herrliche Blicke auf die gewaltige Watzmann-Westwand erlaubt. Auf halber Strecke guckt am Fuß des Hochkaltermassivs das **Wimbachschloss** *(tgl. | Tel. 08657 9 83 98 58)* hinter Bäumen hervor. Schloss? Nun ja, eher eine größere Hütte. Die Wittelsbacher nutzten das Anwesen als Jagdhaus, heute ist es eine bewirtschaftete Berghütte. Eine erste Brotzeit, z. B. in Form eines Käsebrots, oder einen Cappuccino gönnen Sie sich aber besser erst ein Stück weiter oben, auf der ❸ **Wimbachgrieshütte** *(tgl. | Tel. 08657 3 44 | www.wimbachgrieshuette.de)* (1327 m) mit prächtigem Blick auf Palfenhörner, Hochkal-

# ERLEBNISTOUREN

ter und Steintalhörnl. Es handelt sich um die letzte bewirtschaftete Hütte vor dem Königssee! **Etwas steiler geht es nun hoch zum ❹ Pass Trischübel** (genießen Sie unterwegs immer mal wieder den grandiosen Ausblick über das unten liegende Wimbachtal), dem mit 1798 m höchsten Punkt dieser Tour. Und somit dem perfekten Platz für die verdiente Gipfelbrotzeit. Packen Sie Ihren mitgebrachten Proviant aus – vielleicht sehen Ihnen sogar ein paar Murmeltiere zu.

**11:00** **Vom Trischübel aus geht es nur noch bergab.** Ein schöner, teilweise ausgesetzter Steig, der mit Holzleitern und Fixseilen gesichert ist, führt **zur Sigeretplatte und weiter zur verfallenen ❺ Schrainbachalm**. Erfrischen Sie sich hier mit Wasser aus dem Schrainbach, bevor Sie den weiteren Abstieg in Angriff nehmen – **in steilen Serpentinen durch das wilde, waldreiche Schrainbachtal** mit Wasserfall und schönen Ausblicken auf die Hachelköpfe und den Königssee.

**16:30** Die letzte Etappe führt Sie **am Königssee → S. 75 entlang in Richtung ❻ Sankt Bartholomä → S. 76**, dessen rote Kirchturmzwiebeln freundlich grüßen. Hier gönnen Sie sich im **Fischerstüberl** von Thomas Amort eine frisch geräucherte Königsseerenke oder -forelle. **Anschließend besteigen Sie das Schiff nach Schönau. Von dort geht es per Bus nach Berchtesgaden und zum ❶ Parkplatz Wimbachbrücke** in Ramsau.

## ❹ MIT DEM RAD UNTERWEGS ZWISCHEN ALZ UND SALZACH

**START:** ❶ Trostberg
**ZIEL:** ❶ Trostberg

Strecke: 60 km

1 Tag
reine Fahrzeit
4½ Stunden

**KOSTEN:** 35 Euro für zwei Personen (Essen, Strandbad)
**MITNEHMEN:** Badesachen, Wasser, Sonnen- und Regenschutz

**ACHTUNG:** Radverleih: *Hungerhuber (Schwarzauer Str. 66 | Trostberg | Tel. 08621 90 24 20 | www.hungerhuber.de)*
Die Tour ist als Alz-Salzach-Radweg ausgeschildert – bis nach Feichten (kurz vor dem Ziel in Trostberg).
❸ Kay: Die **Bäckerei Bichler** hat nur bis um 12 Uhr geöffnet.

Im Mündungsgebiet der Flüsse Inn, Alz und Salzach wurde ein Radwegnetz angelegt, auf dem Sie das leicht gewellte Bauernland des nördlichen Rupertiwinkels mit seinen gemütlichen Dörfern viel besser kennenlernen als mit dem Auto. Die Landschaft ist von stiller, berückender Schönheit. Unterwegs können Sie sich im Leitgeringer See Abkühlung verschaffen – also Badesachen nicht vergessen.

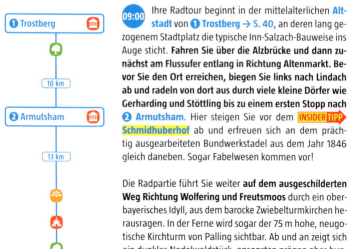

**09:00** Ihre Radtour beginnt in der mittelalterlichen **Altstadt** von ❶ **Trostberg → S. 40**, an deren lang gezogenem Stadtplatz die typische Inn-Salzach-Bauweise ins Auge sticht. **Fahren Sie über die Alzbrücke und dann zunächst am Flussufer entlang in Richtung Altenmarkt. Bevor Sie den Ort erreichen, biegen Sie links nach Lindach ab und radeln von dort aus durch viele kleine Dörfer wie Gerharding und Stöttling bis zu einem ersten Stopp nach** ❷ **Armutsham**. Hier steigen Sie vor dem INSIDER TIPP **Schmidhuberhof** ab und erfreuen sich an dem prächtig ausgearbeiteten Bundwerkstadel aus dem Jahr 1846 gleich daneben. Sogar Fabelwesen kommen vor!

Die Radpartie führt Sie weiter **auf dem ausgeschilderten Weg Richtung Wolfering und Freutsmoos** durch ein oberbayerisches Idyll, aus dem barocke Zwiebelturmkirchen herausragen. In der Ferne wird sogar der 75 m hohe, neugotische Kirchturm von Palling sichtbar. Ab und an zeigt sich ein dunkles Nadelwaldstück, ansonsten prägen aber bun-

# ERLEBNISTOUREN

te Schachbretter aus Feldern, Wiesen und Weiden das Bild. Sie passieren mächtige Vierseithöfe und werden immer wieder von den typischen Fleckviehrindern gegrüßt, die mit großen Augen wiederkäuend in der Landschaft stehen. In **❸ Kay** können Sie sich in der **Bäckerei Bichler** *(Mo–Sa 6–12 Uhr | Waginger Str. 11)* mit einer Butterbrez'n stärken. **Anschließend fahren Sie nach Kirchheim im weiten Salzachtal. Hier geht's unter der Bundesstraße durch, dann weiter durch die Götzinger Achen zur Salzach,** die hier die Grenze zwischen Deutschland und Österreich markiert.

**12:00** **Am Ufer der Salzach entlang radeln Sie nordwärts nach ❹ Tittmoning → S. 83.** Um den Ort herum sind übrigens die einzig nennenswerten Steigungen der Route zu bewältigen – Sie müssen rund 100 Höhenmeter überwinden. Nach den winzigen Dörfern und Weilern der bisherigen Tour wird Ihnen das Städtchen mit seiner Burg fast schon wie eine pulsierende Metropole vorkommen. Besichtigen Sie die einzigartige Schützenscheibensammlung im **Museum Rupertiwinkel** und lassen Sie sich am Stadtplatz zum Mittagessen nieder: Im **Braugasthof** *(Mo geschl. | Stadtplatz 35 | Tel. 08683 89 09 59 | €)* schmecken Tellerfleisch oder ein hausgemachtes Lüngerl.

Helm auf und los: mit dem Bike durch die sommerliche Landschaft flitzen

Danach **verlassen Sie Tittmoning nach Westen in Richtung Ponlach und radeln von dort aus nordwärts bis zum romantischen ❺ Leitgeringer See.** Schließen Sie Ihr Rad ab, kaufen Sie eine Eintrittskarte für das hübsche **Strandbad** und entspannen Sie sich am Wasser oder auf der Liegewiese – oder wagen Sie sich auf die grüne Riesenrutsche!

**15:00** In **❻ Asten** werfen Sie, wenn geöffnet ist, einen Blick auf den prächtigen Rokoko-Hochaltar in der **Pfarrkirche** *(nur So während der Messe geöffnet, jedoch im Sommer schöner Blick durch ein Gitter auf den Hochaltar)* und fahren dann durch stilles Bauernland **über Kirchweidach bis nach Feichten und dann parallel zur Alz zurück nach ❶ Trostberg → S. 40.**

# SPORT & WELLNESS

**Die Chiemgauer und Berchtesgadener Alpen liefern nicht nur eine prächtige Kulisse, sie sind auch die Basis für Bergsteiger, Skifahrer und Biker.**

Auch Segler und Surfer sind den Bergen zu Dank verpflichtet, weil die Seen der Region ohne Zufluss von Gebirgsbächen längst vertrocknet wären. Selbst das Badevergnügen an den friedlichen Grasufern wäre dann undenkbar. Kurz: Ohne die Berge gäbe es praktisch nichts zu tun hier.

Zur Erholung nach dem Sport winkt Entspannung: Die Region ist mit großen Thermal- und Freizeitbädern und entsprechenden Spa- und Saunaangeboten reich versehen. Relaxen im Solebad gehört ebenso zum Wohlfühlprogramm wie Treatments mit Alpenmineralsoleschlick oder Bergkräutern. Auch die meisten Viersternehotels bieten eigene Wellnessbehandlungen an.

## BERGSTEIGEN, WANDERN & KLETTERN

Chiemgauer und Berchtesgadener Alpen bieten jede Menge Möglichkeiten zu Bergwanderungen, Berg- und Klettertouren: für Anfänger wie für Könner. Die Wege sind zumeist sehr gut markiert, und zahlreiche Berghütten laden zur Rast und oft auch zur Übernachtung ein (Quartiere sollten Sie allerdings besser vorbestellen). Trotzdem kann nicht genug zur Vorsicht gemahnt werden. Die Berge sind kein Abenteuerspielplatz! Das Wetter in den Alpen kann extrem schnell

Bild: Segeltörn auf dem Chiemsee

**Der Berg ruft ... und der See auch! In luftiger Höhe gibt es viel zu erleben – doch auch wer im Tal bleibt, hat alle Hände voll zu tun**

umschlagen. Ebenso wichtig für Ihre Sicherheit sind eine gesunde Selbsteinschätzung und gute Informationen.

Auskünfte gibt es bei vielen Verkehrsämtern (Bergführer, Tourenvorschläge) und beim *Deutschen Alpenverein (www.alpenvereinaktiv.com)* oder unter *www.bergtour-online.de*.

Wenn Sie sich vorab im Internet über mögliche Bergtouren und -wanderungen informieren möchten, finden Sie auf *www.tourentipp.de* unter den Stichworten „Berchtesgadener Alpen" und „Chiemgauer Alpen" viele sehr gut beschriebene Tourenvorschläge.

## DRACHENFLIEGEN & PARAGLIDING

Das südöstliche Oberbayern besitzt nicht nur einladende thermische Verhältnisse, sondern auch spektakulär schöne Startplätze: die *Kampenwand* zum Beispiel, das Wahrzeichen des Chiemgaus, ist ein Revier für Paraglider! Über Paragliding und Drachenfliegen sowie Flugschulen in der Region informiert der *Deutsche Hängegleiterverband e. V. (www.dhv.de).*

## GOLF

Die Tatsache, dass es in einer recht übersichtlichen Region wie dem Chiemgau und dem Berchtesgadener Land nicht weniger als elf Golfplätze gibt, sagt viel über die stark gewachsene Beliebtheit dieses Sports aus. Informationen über Golfplätze und -anlagen erhalten Sie beim *Bayerischen Golfverband (www.bayerischergolfverband.de).*

## RADFAHREN & MOUNTAINBIKING

Chiemgau und Rupertiwinkel für gemütliche Radler, die gern auf verkehrsarmen Nebenstraßen in die Pedale treten, Chiemgauer und Berchtesgadener Alpen für durchtrainierte Mountainbiker: Chiemgau, Berchtesgadener Land und das benachbarte Salzburger Land bieten zusammen mehr als 4000 km Radwege! Als Klassiker gilt die ★ *Radtour um den Chiemsee,* 60 km auf kleinen Nebenstraßen, durch Schilf und Birkenwälder, Moore und Kuhweiden, vorbei an barocken Zwiebeltürmen und schattigen Biergärten. Die Tour, die bei normalem Tempo etwa vier Stunden dauert, verläuft auf dem Chiemseeuferweg, der den größten Teil der Strecke direkt am See entlangführt. Fahrräder können Sie in praktisch allen Ferienorten ausleihen, z. B. bei *Chiemsee Kaufmann (www.chiemseekaufmann.de)* mit Standorten in Prien, Chieming und Seebruck.

Mountainbiker starten von Reit im Winkl, Ruhpolding, Inzell oder Berchtesgaden auf Forststraßen oder Wanderwegen in Richtung Gipfelwelt. Eine der anspruchsvollsten Routen ist die ☆ Tour von Berchtesgaden zur *Gotzenalm:* 11 km Strapazen und tolle Ausblicke auf Watzmann und Königssee.

Wenn Sie etwas weniger schweißtreibende Radtouren bevorzugen, können Sie

Topstrecken fürs Rafting: die Flüsse der Chiemgauer und Berchtesgadener Alpen

# SPORT & WELLNESS

auf Pedelecs und E-Bikes zurückgreifen: Diese Fahrräder haben einen zuschaltbaren Elektromotor, mit dem Sie Steigungen mühelos überwinden können. In der ganzen Region gibt es zahlreiche E-Bike-Verleihe und Ladestationen, Infos finden Sie auf den jeweiligen Websites der Tourismusämter.

## SEGELN & SURFEN

Was wäre das „Bayerische Meer" ohne gehisste Segel? Der *Chiemsee* ist das Zentrum der Segel- und Surfaktivitäten in Südostbayern. Bei guten Wind- und Wetterverhältnissen kann es jedenfalls durchaus voll werden auf dem See.
Segel- und Surfschulen gibt es am *Chiemsee,* am *Waginger See* und am *Simssee.* Sehr renommiert im Segelbereich ist die *Chiemsee-Yachtschule Gollenshausen (Chiemseestr. 34 | Gstadt | Gollenshausen | Tel. 08054 7170 | www.cyg.de),* die u. a. Katamarankurse und Wochenendkurse anbietet. In seiner Schule *Windsurfing Waginger See (Waging am See | Campingplatz Gut Horn | Tel. 08669 8199 01 | 0171 6 54 66 54 | www.snowsurf.de)* gibt Rudi Schmid Segel- und Surfunterricht. Sie können sowohl Schnupper- als auch Intensivkurse belegen.

## WILDWASSERSPORT & FLOSSFAHRTEN

Für Rafting und Canyoning eignen sich die Chiemgauer und Berchtesgadener Alpen bestens. Als ideales Raftinggewässer hat sich die *Tiroler Ache* bewährt, die im ersten Teilstück durch die spritzige *Entenlochklamm* bis nach Schleching ausgesprochen wild ist. Rafting- und Canyoningtouren werden von verschiedenen Anbietern organisiert, u. a. vom *Reichenhaller Club Aktiv (Tel. 08651 6 72 38 | www.rafting-fun.com),* von der Firma *Sport Lukas (Schleching | Tel. 08649 2 43 | www.sportlukas.de)* und vom *Outdoor Club (Tel. 08657 9 77 60 | www.outdoor-club.de).*
Wenn es dagegen nicht unbedingt ein Funsport sein muss: Das Flüsschen *Alz,* das sich zwischen Seebruck am Chiemsee und Truchtlaching durch die Landschaft schlängelt, können Sie auf eigene Faust bei einer **INSIDER TIPP** Schlauchbootfahrt hinuntertreiben – eine höchst entspannende Fahrt!

## WINTERSPORT

Ski und Rodel sehr gut! Speziell *Reit im Winkl* gilt als ausgesprochenes Schneeloch. Sein Skigebiet ist die bekannte ★ *Winklmoosalm (www.winklmoosalm. de)* – ein weitläufiges Areal, das Scheiblberg, Steinplatte und Dürrnbachhorn umfasst, 50 km Pisten erschließt und immerhin bis auf 1900 m hinaufreicht. Vom Ort fahren Busse ins autofreie Skigebiet, das teils schon auf österreichischem Boden liegt.
Zum alpinen Skilauf bieten sich folgende Skigebiete an: die *Kampenwand* bei Aschau, der *Jenner* (Berchtesgaden), der *Hochfelln* (Ruhpolding) und der *Predigtstuhl* (Bad Reichenhall). Langlauf geht praktisch überall. Gut laufen und skaten können Sie etwa in *Reit im Winkl* und *Ruhpolding,* deren Loipennetze auch miteinander verbunden sind.
Ruhpolding bietet als weitere Spezialität *Gäste-Biathlon* an. Der Ort hat sein eigenes Biathlonzentrum, in dem Weltcupveranstaltungen und sogar schon vier Weltmeisterschaften ausgetragen wurden. Dort finden auch die Schnupperkurse für Gäste statt – und das sogar im Sommer! Anbieter ist das *Biathloncamp Fritz Fischer (Grashofstr. 6 | Ruhpolding | Tel. 08663 4180 70 | www.biathloncamp. de).*

# MIT KINDERN UNTERWEGS

**Aus Kindersicht ist das landwirtschaftlich geprägte Südostbayern ein einziger Abenteuerspielplatz. Kraxelberge, Flüsse und Seen, Wiesen, Wälder und Tiere warten darauf, entdeckt zu werden.**

An den zahlreichen Seen gibt es Badevergnügen ohne Ende, in Ruhpolding und Berchtesgaden, Prien und Wasserburg außerdem mit allen Schikanen ausgestattete Erlebnisbäder. Auch kleinere Feriendörfer bieten meist ein Kinderprogramm für den Sommer an; dort erholen sich die Kids von Schul- und Stadtstress, derweil sich die Eltern von den Kindern erholen. Auf Familien warten außerdem zahlreiche Erlebnisparks und Museen, die technische oder historische Themen so spannend und vielfältig vermitteln, dass hier alle Generationen Spaß haben.

## RUND UM DEN CHIEMSEE

### INSIDER TIPP BURG STEIN

(119 F6) (*H5*)

Hier ist eine Burgbesichtigung der gruseligen Art zu erleben: In der Höhlenburg von Stein an der Traun trieb im Mittelalter der sagenumwobene Ritter Hans von Stein sein Unwesen. Auf der einstündigen Führung durch modrige Gänge und feuchte Verliese zu besichtigen: der Brunnen, in den der Unhold unliebsame Personen zu werfen pflegte, eine Gefängniszelle, der Gerichtssaal und schließlich die Kammer der Waltraud, die sich lieber selbst erdolchte, als sich vom finsteren Ritter die Ehre rauben zu lassen. Für Kinder ab etwa neun Jahren. *Führungen April–Okt. Di–So 14, Mitte Juli–Mitte Sept.*

**Holzknechte und Gnome, Raubritter und Dinosaurier: In der Region treffen kleine Urlauber auf allerlei aufregende Gesellen**

zusätzl. 16 Uhr (ab fünf Erwachsenen; festes Schuhwerk und eine Taschenlampe sind empfehlenswert) | Erwachsene 3 Euro, Kinder 2 Euro | Schlosshof | Stein an der Traun | Tel. 08669 12 08 10 (Voranmeldung!) | www.steiner-burg.de

### CHIEMGAUER ALPEN

**HOLZKNECHTMUSEUM**
(124 B4) (📖 J8)
Dem Leben und Arbeiten der Holzknechte, die fast 300 Jahre lang die Ruhpoldinger Saline am Laufen hielten, ist dieses einzigartige Museum gewidmet. In dem zweistöckigen Museumsbau sowie auf dem Freigelände erfahren Sie und Ihre Kinder etwas über die technischen Aspekte der Waldarbeit, lernen aber auch die sozialen Umstände dieses harten Berufs kennen. Das Museum ist lehrreich und gleichzeitig alles andere als langweilig! *Stark schwankende Öffnungszeiten | Erwachsene 4 Euro, Kinder 2 Euro | Laubau 12 | Ruhpolding | www.holzknechtmuseum.com*

### MÄRCHEN-ERLEBNISPARK
(123 E4) *(G8)*
Die Sommerrodelbahn ist mit Steilkurven gespickt, im Wasserspielgarten dürfen Kinder all das ausprobieren, was in der heimischen Badewanne nicht geht, und es gibt eine Gaudigondel, mit der man sich ganz schön in die Höhe schaukeln kann. Ein Streichelzoo, eine kleine Eisenbahn und ein Wildgehege gehören auch dazu. *Ostern–Okt. tgl. 9–18 Uhr | Erwachsene 11 Euro, Kinder 9,50 Euro | Jägerweg 14 | Marquartstein | www.maerchenpark.de*

### MAMMUTHEUM SIEGSDORF
(124 A3) *(J8)*
Lebensgroße Nachbildungen von Mammuts und Sauriern bevölkern den Park – das perfekte Ambiente für einen „Steinzeitparcours". Kinder lernen hier, wie man ohne Streichhölzer Feuer macht, wie Faustkeil, Speer- und Pfeilspitzen hergestellt werden und wie man mit Pfeil und Bogen schießt. Das Mammutheum steht übrigens nicht ohne Grund bei Siegsdorf: Hier wurde 1975 das Mammut „Oskar" ausgegraben, das mit seinen stattlichen 4 m Höhe natürlich einen Ehrenplatz im Park bekommen hat. *Ostern–Okt. Di–So 10–17 Uhr | Erwachsene 5 Euro, Kinder 3 Euro | Doktor-Liegl-Str. 35 | Alzing (Siegsdorf) | zwischen Siegsdorf und Bergen | www.mammutheum.de*

## STÄDTE AM INN

### EFA-MUSEUM (118 C6) *(F5)*
In den Hallen des Automobilmuseums im hübschen Dorf Amerang stehen über 200 Fahrzeuge aus der deutschen Autogeschichte. Genauso attraktiv: die **INSIDER TIPP** **größte Modelleisenbahn der Welt in Spurgröße 2.** Vor herrlich realistischen Szenarien im Stil der 1960er-Jahre verlaufen sage und schreibe 650 m Gleise. Vorführung stündlich! *April–Okt. Di–So 10–18 Uhr | Erwachsene 9,50 Euro, Kinder 5,50 Euro | Wasserburger Str. 38 | Amerang | www.efa-automuseum.de*

## BERCHTESGADENER LAND

### ALMBACHKLAMM (127 E2) *(M9)*
Kinder, die der Meinung sind, Bergsteigen sei „doof", werden in der wildromantischen Almbachklamm bei Berchtesgaden garantiert zu begeisterten

Im Märchen-Erlebnispark: „Ich bin so satt, ich mag kein Blatt"? Von wegen!

# MIT KINDERN UNTERWEGS

Alpinisten. Über die Jahrtausende hat der Almbach eine tiefe, steile Schlucht in den felsigen Grund des Untersbergs gegraben. Er stürzt über gewaltige Wasserfälle und sammelt sich in Felsaushöhlungen, die Gumpen genannt werden. Ein 3 km langer Weg führt durch die Almbachklamm – doch was für ein Weg! 29 Holz- und Eisenbrücken, 320 Stufen und 168 Nischenwege waren nötig, um der Steigung von 200 m und dem oft nur 3 m breiten Bachbett gerecht zu werden. Obwohl der Weg einfach zu gehen und mit Geländern und Drahtseilen gesichert ist, hinterlassen die schluchtartigen Felswände, das Donnern und Sprühen der Wasserstürze bleibende Eindrücke und einen Hauch von Abenteuer.

Die Schlucht ist etwa von Mai bis Oktober begehbar. ● Die Eintrittsgebühr können Sie übrigens leicht sparen: Betreten und verlassen Sie die Klamm einfach oben bei Ettenberg. Bezahlen müssen Sie nämlich nur an anderen Eingang, der unten am Parkplatz liegt. *Erwachsene 6 Euro, Kinder 4,50 Euro | an der Straße Unterau–Marktschellenberg*

**INSIDER TIPP** **MÄRCHENWEG PIDING**
(125 D3) (*L8*)
Ganz und gar nicht kitschig, sondern auch für ästhetisch anspruchsvolle Eltern eine Augenweide ist der Märchenweg in Piding, der am Fuß des Högls entlangführt: Hier haben einheimische Künstler aus Holz, Ästen, Wurzeln und allerlei buntem Material und mit viel Einfallsreichtum Phantasiewesen geschaffen – Geister, Gnome und Fabeltiere, die zusammen mit der Waldfee gegen ein stinkendes, lärmendes Ungeheuer ankämpfen. Denn der Märchenweg ist nicht nur ein hübsches Familienprogramm, sondern zugleich Ausdruck des Protests gegen den geplanten Ausbau der Autobahn A8, die am Dorf vorbeiführt. *Piding | Ausgangspunkt Wanderparkplatz Höglstr. | Gesamtstrecke 1 km*

### SALZBERGWERK BERCHTESGADEN
(127 E2–3) (*M–N10*)
Seit 1517 wird bei Berchtesgaden Salz abgebaut; auch besichtigen kann man das Salzbergwerk schon lange. Doch jetzt gibt es die klassische Grubenfahrt als „Salzzeitreise". Nach der Fahrt per Grubenbahn ins *Kaiser-Franz-Sinkwerk,* das sich mithilfe von Kunstnebelschwaden und viel blauem Laserlicht in eine „Salzkathedrale" verwandelt, geht es auf der berühmten Rutsche zum ebenfalls multimedial inszenierten Solesee, den man auf einem Floß überquert. Im „Salzlabor" und in der „Schatzkammer" können Sie und Ihre Kinder sich zum Thema weißes Gold kundig machen. *Mai–Okt. tgl. 9–17, Nov.–April 11–15 Uhr | Erwachsene 17 Euro, Kinder 9,50 Euro | Bergwerkstr. 83 | Berchtesgaden | www.salzbergwerk.de*

## RUPERTIWINKEL

### LOKWELT FREILASSING
(125 E2) (*M7*)
Auch wenn Buben heute nur noch selten Lokführer als Traumberuf angeben – der Faszination des restaurierten Rundlokschuppens mit seinen 17 Gleisständen samt Drehscheibe kann sich kaum einer entziehen. Zu den gezeigten historischen Lokomotiven, die das Deutsche Museum aus München zur Verfügung gestellt hat, zählt u. a. die Schnellzuglok BIX 1000 Maffei mit Tender. Auch eine große Modelleisenbahn, die das Bahnbetriebswerk Freilassing originalgetreu nachbildet, ist zu sehen. Die vielen Mitmachstationen sind gerade für Kinder unterhaltsam. *Fr–So 10–17 Uhr | Erwachsene 6 Euro, Kinder 4 Euro | Westendstr. 5 | Freilassing | www.lokwelt.freilassing.de*

# EVENTS, FESTE & MEHR

EVENTS & NEWS
→ S. 2/3

Den Rahmen setzt das katholische Kirchenjahr, das für eine sympathische Dichte an Feiertagen sorgt. Da die Bayern jedoch nicht nur fromm, sondern auch ausgesprochen frohsinnig sind, gern lachen, tanzen und feiern, kommt auch bei Kirchenfesten der Spaß nicht zu kurz.

## FESTE & VERANSTALTUNGEN

### JANUAR/FEBRUAR
Zum INSIDER TIPP *Aperschnalzen* (www.schnalzen.de) treffen sich jeweils an einem Ort im südöstlichen Oberbayern an die 500 Männer und lassen lange Peitschen („Goaßln") knallen. Mit diesem vorchristlichen Brauch soll der Winter ausgetrieben werden.

### 1. SONNTAG IM FEBRUAR
Stelldichein von 50 000 Tauben, Hasen, Hühnern und anderen Tieren beim größten *Taubenmarkt* der Welt in Wasserburg

### MÄRZ
Jazz vom Feinsten gibt's bei der ⭐ *Internationalen Jazzwoche* (www.b-jazz.com) in Burghausen. Zum Event gehören Auftritte hochrangiger internationaler Künstler und spontane Sessions in den Altstadtlokalen.

### APRIL
Der *Traunsteiner Georgiritt* am Ostermontag, eine Pferdewallfahrt mit jahrhundertealter Tradition, führt bis zu 600 festlich geschmückte Pferde zusammen. Am letzten Wochenende des Monats findet der INSIDER TIPP *Tittmoninger Georgiritt* mit „römischen Soldaten" statt.

### 3. SONNTAG IM MAI
*Siegsdorfer Trachtenwallfahrt* zur Kirche Maria Eck

### MAI/JUNI
Am Pfingstmontag gibt es zum *Bergfest der Bergknappen* in Berchtesgaden einen Festumzug.
In einen riesigen Biergarten verwandelt sich die Hauptstraße von Trostberg an einem Samstag Ende Juni, wenn das INSIDER TIPP *Altstadtfest* gefeiert wird.

### MAI–SEPTEMBER
Bei den sommerlichen ⭐ *Konzerten auf Schloss Amerang* (www.schlossamerang.de) im wunderschönen Arkadenhof steht eine vielfältige Mischung von Klassik über Jazz bis zu Weltmusik auf dem Programm.

*Musiksommer* zwischen Inn und Salzach: klassische Musik live in romantischen Locations, z. B. auf Schloss Aschau.
Beim *Chiemgauer Alm-Festival* wird an den Wochenenden vor den schönsten Almhütten der Region Musik gemacht. Auf dem Programm stehen Volksmusik, Jazz und Klassik.

### AUGUST
*Hochgebirgswallfahrt* aus dem Pinzgau über das Steinerne Meer an den Königssee (24. Aug.)
Eines der stimmungsvollsten Open-Air-Festivals Deutschlands ist der *Chiemsee Summer* (www.chiemsee-summer.de) in Übersee – vier Tage lang Livemusik, Stimmung, Baden und Campen.

### SEPTEMBER
In der ersten Monatshälfte findet das *Rosenheimer Herbstfest* (www.herbstfest-rosenheim.de) statt, ein Oktoberfest im kleineren Stil.
*Almabtrieb:* Festlich geschmückt kehrt das Vieh von den Sommerweiden in die Ställe zurück.
Am dritten Sonntag ist *Bayerisch-Tirolerische Wallfahrt* in Sachrang: Tausende Gläubige pilgern dann zum Ölbergskirchlein.

Bei den *Historischen Burgtagen in Tittmoning* (www.burgtage-tittmoning.de) wird mit Markt, Lagerleben und jeder Menge Bühnenprogramm zwei Tage lang das Mittelalter wieder lebendig.

### OKTOBER
*Kirchweih* am dritten Sonntag im Oktober ist in erster Linie zu einer kulinarischen Angelegenheit geworden: Man labt sich im Wirtshaus an Kirchweihgans und gebackenen Schmalznudeln.

### NOVEMBER
Bei prächtigen *Leonhardiritten* wird – z. B. in Kirchweidach – St. Leonhard geehrt, der Schutzpatron des Nutzviehs.

### DEZEMBER
Dass der Advent eine besonders „staade" (stille) Zeit ist, gilt nicht für das Berchtesgadener Land, wo beim ★ *Buttnmandllaufen* der Nikolaus von zwölf wilden, mit riesigen Glocken scheppernden Gesellen begleitet wird. Ein ähnlicher Brauch ist der *Perchtenlauf* von Kirchseeon. In Berchtesgaden wird außerdem vor Weihnachten mit Böllern das Christkindl „angeschossen".

# LINKS, BLOGS, APPS & CO.

**LINKS & BLOGS**

www.marcopolo.de/chiemgau-bgl Ihr Online-Reiseführer mit allen wichtigen Informationen, Highlights und Tipps, interaktivem Routenplaner, spannenden News und Reportagen sowie inspirierenden Fotogalerien

www.chiemsee-segeln.de Sämtliche Segelschulen, Bootsverleihe, Regattatermine und Vereine sind verzeichnet. Dazu finden Sie Revierinfos, aktuelle Wind- und Wetterberichte sowie Sturmwarnungen und Mitsegelgelegenheiten. Die mit Abstand umfassendste Seite zum Thema

bayern-online.de Zahlreiche Infos zu Übernachtungen, Restaurants, Veranstaltungen, Shopping, Kinderprogrammen, Wellness, Kultur u. a. Für die Region Oberbayern bietet das Portal eigene Websites, z. B. für den Chiemsee, Traunstein oder das Rosenheimer Land

www.mtbsepp.de Gut gemachtes Portal mit jeder Menge MTB-Tourenvorschlägen für Chiemgau und Berchtesgadener Land

www.cityguide-rosenheim.de Ob Sport oder Nachtleben – hier finden Sie lauter gute Adressen. Außerdem gibt es Veranstaltungstipps und viele Fotos

www.traunsteiner-tagblatt.de Die bayerische Lokalzeitung für Chiemgau und Berchtesgadener Land (seit 1855) informiert aus der Sicht der Einheimischen über Lokales (und Weltpolitik)

www.griasdi.info Sehr familienfreundlich ist dieser Blog mit Anregungen und Vorschlägen für den „Chiemgau mit Kindern"

blog.berchtesgadener-land.com Üppige Mischung aus Veranstaltungstipps, Tourenvorschlägen für Biker und Wanderer, Bastelbeschreibungen für bayerisches Holzspielzeug, lokalen Nachrichten und vielem mehr

short.travel/chg6 Originelle, kritische und lustige Gedanken und Beobachtungen eines Grassauers über vieles, was im Chiemgau so (schief) läuft

Egal, ob für Ihre Reisevorbereitung oder vor Ort: Diese Adressen bereichern Ihren Urlaub. Da manche sehr lang sind, führt Sie der short.travel-Code direkt auf die beschriebenen Websites. Falls bei der Eingabe der Codes eine Fehlermeldung erscheint, könnte das an Ihren Einstellungen zum anonymen Surfen liegen

## VIDEOS & MUSIK

short.travel/chg5 Das Chiemgauer Volkstheater ist nicht nur in Bayern bekannt. Auf der Facebookseite des beliebten Ensembles gibt es Informationen über Fernsehsendungen und Auftritte

short.travel/chg7 Ein (musikalischer) Einblick in die Welt moderner „Volxmusik" – am Beispiel der *La Brass Banda* vom Chiemsee

short.travel/chg1 Chiemgau von oben: Ein begeisterter Paraglider hat gefilmt, was er sieht, wenn er von den Gipfeln seiner Heimat zu Tal schwebt, beispielsweise vom Hochgern oder von der Kampenwand

www.radio-dingolstadt.de Ein Brötchen ist in Bayern eine Semmel, und wer einen Berliner kaufen möchte, erntet nur Entrüstung. Wenn die Comedytruppe Dingolstadt sprachliche und kulturelle Missverständnisse auf die Schippe nimmt, können „Zuagroaste" etwas lernen

## APPS

Nationalpark Berchtesgaden 3D-Karten für wirklichkeitsgetreue Landschaften, dazu das gesamte Wegenetz und 24 ausgewählte Touren in 3D, für Sommer und Winter. Mit Trackingfunktion. Für iPhone und Android

Biergärten und Ausflugslokale für München und Oberbayern Die iPhone-App für alle, die gern bei einer Maß Bier oder einer Apfelsaftschorle unter einer Kastanie sitzen

Bayerisch Übersetzer Wer im Wirtshaus oder beim Zimmervermieter „nix vaschdäht", dem wird mit dieser Android-App rasch geholfen

Peak Finder Großartige Bezahl-App, die von jedem Standpunkt in den Alpen die umstehenden Gipfel benennt – samt Höhenangabe

Wikitude Cooler geht's nicht: Richten Sie einfach die Kamera Ihres Smartphones auf die Umgebung – und schon werden alle verfügbaren Infos zu den entsprechenden Locations eingeblendet. Die App ist für verschiedene Betriebssysteme erhältlich

# PRAKTISCHE HINWEISE

## ANREISE

Zum Chiemsee und ins Berchtesgadener Land geht es ab München über die Salzburger Autobahn (A 8). Nach Mühldorf, Altötting und Burghausen fahren Sie ab München schneller über die B 12 in Richtung Passau.

Ausgangspunkt ist das Drehkreuz München. Am Hauptbahnhof beginnen die Strecken sowohl nach Waserburg–Burghausen als auch über Rosenheim, Prien und Traunstein bis nach Salzburg. Mit Umsteigen erreichen Sie mit dem Salzburgzug auch das Berchtesgadener Land. Autoreisezüge aus Deutschland halten in München nicht am Haupt-, sondern am Ostbahnhof!

Für Reisende ins Berchtesgadener Land und in den Rupertiwinkel bietet sich als nächstliegende Lösung der Salzburger Flughafen an, den auch Billigflieger ansteuern. Von hier aus kommen Sie am bequemsten mit dem Leihwagen weiter.

Häufiger angeflogen wird allerdings der Münchner Großflughafen in Erding; er liegt 30 km nordöstlich der Stadt. Von hier aus nehmen Sie entweder einen Mietwagen, oder Sie fahren mit der S-Bahn zum Hauptbahnhof (Fahrtdauer 40 Minuten).

## AUSKUNFT

**CHIEMGAU TOURISMUS**
*Haslacher Str. 30 | Traunstein | Tel. 0861 9 09 59 00 | www.chiemsee-chiemgau.info*

**BERCHTESGADENER LAND TOURISMUS GMBH**
*Maximilianstr. 9 | Berchtesgaden | Tel. 08652 6 56 50 50 | www.berchtesgadener-land.com*

## BERGWACHT

Mit der *Bergwacht Bayern (Tel. 08041 79 43 80 | www.bergwacht-bayern.org)* hat das Bayerische Rote Kreuz einen Rettungsdienst eingerichtet, der über 300 Hilfs- und Meldestellen besitzt.

Die rund 4200 ehrenamtlichen Bergwachtler haben schon zahlreichen leichtsinnigen Bergsteigern das Leben gerettet. Für den Fall der Fälle sollten Sie bei größeren Touren vorher im Hotel Bescheid sagen und die geplante Route angeben!

## GRÜN & FAIR REISEN

Auf Reisen können auch Sie viel bewirken. Behalten Sie nicht nur die $CO_2$-Bilanz für Hin- und Rückreise im Hinterkopf *(www.atmosfair.de; de.myclimate.org)* – etwa indem Sie Ihre Route umweltgerecht planen *(www.routerank.com)* – , sondern achten Sie auch Natur und Kultur im Reiseland *(www.gate-tourismus.de)*. Gerade als Tourist ist es wichtig, auf Aspekte wie Naturschutz *(www.nabu.de; www.wwf.de)*, regionale Produkte, wenig Autofahren, Wassersparen und vieles mehr zu achten.

Wenn Sie mehr über ökologischen Tourismus erfahren wollen: europaweit *www.oete.de*; weltweit *www.germanwatch.org*

# Von Anreise bis Wetter

**Urlaub von Anfang bis Ende: die wichtigsten Adressen und Informationen für Ihre Chiemgaureise**

## CAMPING

An die 40 Campingplätze stehen im Chiemgau und im Berchtesgadener Land allen Urlaubern zur Verfügung, die gern zelten oder mit dem Wohnwagen reisen.

**DEUTSCHER CAMPING-CLUB**
*Mandlstr. 28 | München | Tel. 089 3801420 | www.camping-club.de*

## DIPLOMATISCHE VERTRETUNGEN

Urlauber aus Österreich und der Schweiz können sich bei Problemen an ihre Konsulate in München wenden.

**ÖSTERREICHISCHES GENERALKONSULAT**
*Ismaninger Str. 136 | München | Tel. 089 998150 | www.bmeia.gv.at/gk-muenchen*

**SCHWEIZERISCHES GENERALKONSULAT**
*Prinzregentenstr. 20 | München | Tel. 089 2866200 | www.eda.admin.ch/muenchen*

## FERIEN AUF DEM BAUERNHOF

Die stark bäuerlich geprägte Kulturlandschaft von Chiemgau und Berchtesgadener Land eignet sich perfekt für Ferien auf dem Bauernhof, die natürlich besonders bei Familien beliebt sind: Die Kinder können zwischen Kuhstall und Heuschober viel erleben, während die Eltern sich auch über die günstigen Preise freuen.

## WAS KOSTET WIE VIEL?

| | |
|---|---|
| Kaffee | 4 Euro *für ein Kännchen* |
| Bier | 8 Euro *für eine Maß im Biergarten* |
| Imbiss | 2,80 Euro *für eine Leberkässemmel* |
| Seilbahn | 17 Euro *für eine Fahrt* |
| Eintritt | ab 15 Euro *für eine Tageskarte im Erlebnisbad* |
| Schiff | ab 5 Euro *für eine Dampferfahrt* |

**URLAUB AUF DEM BAUERNHOF CHIEMGAU UND RUPERTIWINKEL**
*Almertsham 6 | Höslwang | Tel. 08053 2283 | www.chiemsee-bauernhofurlaub.de*

## JUGENDHERBERGEN

Jugendherbergen gibt es in Bischofswiesen (bei Berchtesgaden), Burghausen, Mühldorf am Inn und Prien am Chiemsee. Ein Tipp auch für Familien! Das Haus in Bischofswiesen bietet zu verschiedenen Themen und Anlässen komplette Familien- und Freizeitprogramme an, wie beispielsweise winterliche Skiferien, Bergsteigerwochenenden oder Alleinerziehenden-Specials.

**SERVICECENTER DEUTSCHES JUGENDHERBERGSWERK**
*Leonardo-da-Vinci-Weg 1 | Detmold | Tel. 05231 74010 | www.jugendherberge.de*

## KIRCHEN

Die Sehenswürdigkeiten in den Kirchen und Kapellen der Region möchten sich viele Besucher nicht entgehen lassen. Vor allem in abgelegeneren Gegenden ist es aber möglich, dass Sie vor verschlossener Tür stehen. Dann wenden Sie sich am besten an das Pfarrhaus, an den Mesner oder an das nächste Wirtshaus. Wer freundlich fragt, bekommt einen Schlüssel!

## NOTRUF

*Polizei: Tel. 110 | Rettungsdienst, Feuerwehr, Euronotruf: Tel. 112*

Wenn Sie in den Bergen unterwegs sind, sollten Sie sich nicht auf Ihr Handy verlassen. In Notsituationen hat es womöglich keinen Empfang, oder es überrascht Sie mit einem leeren Akku. Merken Sie sich auf alle Fälle das alpine Notsignal: Innerhalb einer Minute sechs optische oder akustische Zeichen in möglichst regelmäßigen Abständen geben, eine Minute lang pausieren, dann wiederholen. Geantwortet wird mit drei Zeichen pro Minute, ebenfalls in gleichen Abständen gegeben. Als Signalmittel eignen sich beispielsweise Trillerpfeifen, Taschenlampen oder auch farbige, auffällige Kleidungsstücke oder Rucksäcke, die Sie schwenken können.

## ÖFFENTLICHE VERKEHRSMITTEL

Auch ohne eigenes Auto lässt sich die Region gut und komfortabel bereisen – mit Bus und Bahn. Die Bayerische Oberlandbahn verbindet mit ihrer „Meridian"-Linie *(www.meridian-bob-brb.de)* Rosenheim (über den Chiemsee, Traunstein und Freilassing) mit Salzburg. Mit den

## WETTER IN BERCHTESGADEN

| | Jan. | Feb. | März | April | Mai | Juni | Juli | Aug. | Sept. | Okt. | Nov. | Dez. |
|---|---|---|---|---|---|---|---|---|---|---|---|---|
| Tagestemperaturen in °C | 2 | 4 | 9 | 13 | 17 | 20 | 22 | 22 | 19 | 14 | 8 | 3 |
| Nachttemperaturen in °C | -6 | -5 | -2 | 2 | 6 | 10 | 11 | 11 | 8 | 3 | -1 | -5 |
| Sonnenschein Stunden/Tag | 2 | 3 | 4 | 5 | 5 | 6 | 6 | 6 | 5 | 4 | 2 | 2 |
| Niederschlag Tage/Monat | 15 | 15 | 16 | 17 | 19 | 21 | 20 | 19 | 14 | 13 | 14 | 16 |

# PRAKTISCHE HINWEISE

Regiozügen der Südostbayernbahn *(www.suedostbayernbahn.de)* gelangt man vom „Hub" Mühldorf nach Rosenheim, bis nach Ruhpolding und Burghausen.

Viele Städte – wie beispielsweise Inzell, Rosenheim, Ruhpolding, Traunstein oder Bad Reichenhall – haben eigene Buslinien. Perfekt für eine schöne Tour rund um das „Bayerische Meer" ist die *Chiemseeringlinie,* deren Busse den See zwei- bis dreimal täglich in beiden Richtungen umrunden. Praktisch: Ein Fahrradanhänger fährt mit. Die Tageskarte kostet 10 Euro (Fahrrad 2,10 Euro), die Inhaber von Gästekarten der beteiligten Gemeinden fahren kostenlos.

## PANNENHILFE

*ADAC-Pannenhilfe: Tel. 01802 22 22 22 (*) (24 Std.)*

## REISEZEIT

Schön ist die Region das ganze Jahr über, abgesehen vom grauen November und vielleicht auch vom Juni, in dem es erfahrungsgemäß am meisten regnet. Der Sommer ist ein Traum. Viele Münchner verreisen im bayerischen Ferienmonat August gar nicht, weil es dann nirgendwo schöner ist als an den oberbayerischen Seen.

September und Oktober mit ihren klaren, frischen Tagen sind dagegen ideal für Bergsteiger. Ende September, Anfang Oktober, wenn in München das Oktoberfest stattfindet, müssen Sie allerdings mit Bettenknappheit bis in den Chiemgau hinein rechnen.

## SCHIFFFAHRT

Auf dem Chiemsee besteht regelmäßiger Linienverkehr. Angefahren werden Prien, die Herreninsel, Gstadt, die Fraueninsel, Seebruck, Chieming, Feldwies und Bernau/Felden. Nach Herrenchiemsee gelangen Sie am schnellsten von Prien aus; die Überfahrt dauert 15 Minuten und kostet einfach 6,10 Euro. Die große Seerundfahrt, bei der Sie sämtliche Uferorte sowie die beiden Inseln abklappern *(Dauer: 5½ Stunden | www.chiemsee-schifffahrt.de),* kostet 13 Euro.

Personenschifffahrt gibt es auch auf dem Königssee. Hier verkehrt die weiß-blaue Flotte von der Anlegestelle Königssee nach Sankt Bartholomä *(hin und zurück 15 Euro)* und nach Salet/Obersee *(hin und zurück 18 Euro | www.seenschifffahrt.de).* Achtung: Hunde sind an Bord nur erwünscht, wenn sie einen Maulkorb tragen!

## VERGÜNSTIGUNGEN

Mit der *Oberbayern-Card (www.oberbayern-card.info)* stehen Gästen zahlreiche Attraktionen der Region kostenlos oder zu Vorzugspreisen zur Verfügung. Für zwei Tage kostet die Karte z. B. 32,90 Euro, für drei Tage aus 14 sind 44,90 Euro zu bezahlen. Ganz umsonst sind damit dann unter anderem der Eintritt in die Freizeitbäder *Vita Alpina* in Ruhpolding oder *Rupertus-Therme* in Bad Reichenhall, der Besuch der Dokumentation Obersalzberg, die Benutzung der Hochfelln-Seilbahn und das Befahren der mautpflichtigen Rossfeld-Panoramastraße im Berchtesgadener Land.

In vielen Orten im Chiemgau und im Berchtesgadener Land wird Ihnen eine Gastkarte ausgestellt, wenn Sie in bestimmten Unterkünften übernachten. Damit erhalten Sie Gratisleistungen (z. B. geführte Wanderungen) oder Vergünstigungen für Sehenswürdigkeiten. Welche Gastgeber die Karte ausgeben, erfahren Sie bei den Verkehrsämtern.

# REISEATLAS

▬ Verlauf der Erlebnistour „Perfekt im Überblick"
▬ Verlauf der Erlebnistouren

Der Gesamtverlauf aller Touren ist auch in der herausnehmbaren Faltkarte eingetragen

Bild: Berchtesgadener Land

# Unterwegs im Chiemgau

Die Seiteneinteilung für den Reiseatlas finden Sie auf dem hinteren Umschlag dieses Reiseführers

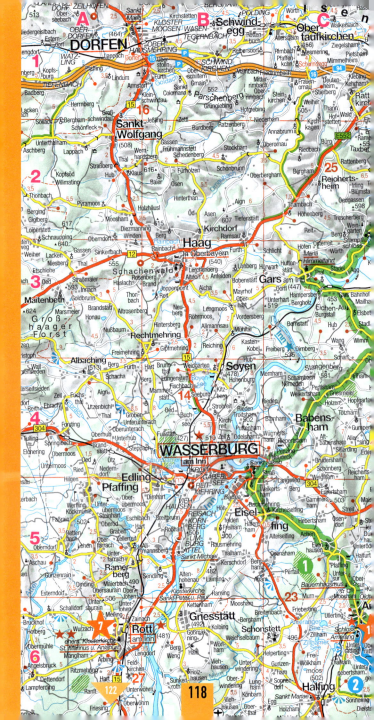

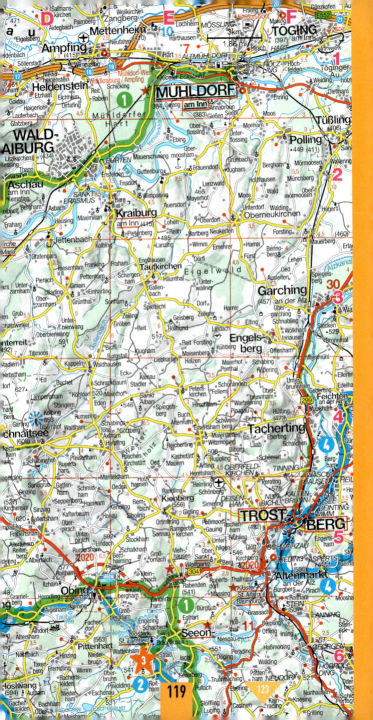

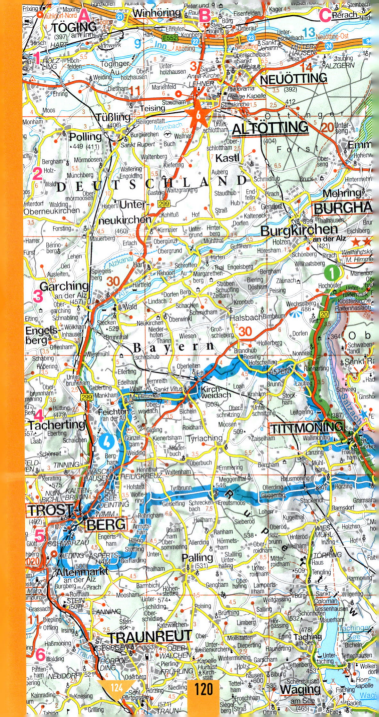

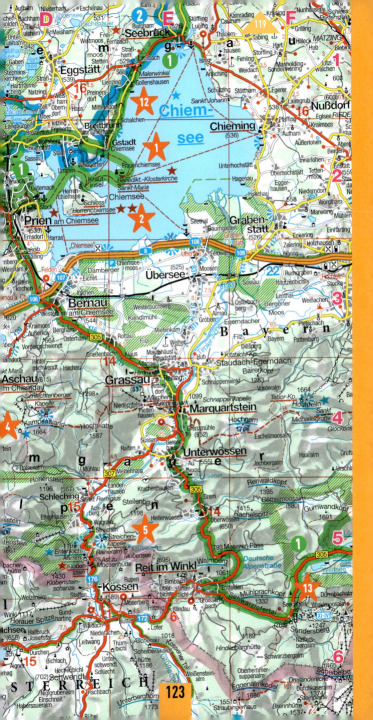

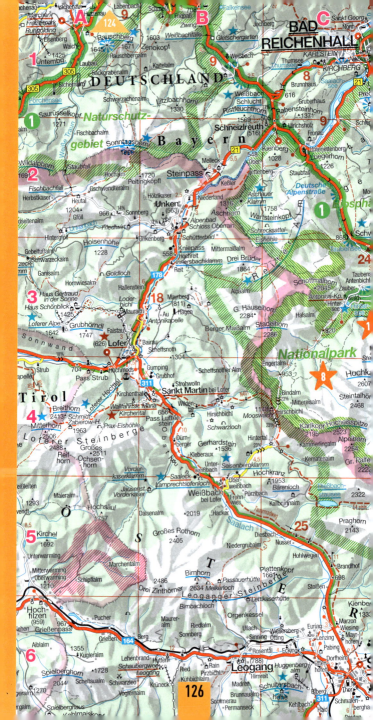

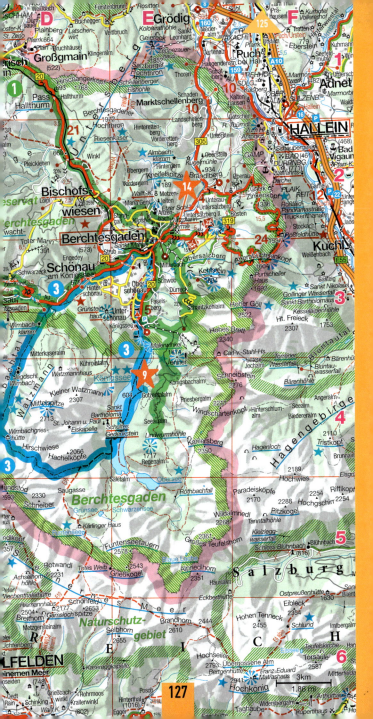

# KARTENLEGENDE

# FÜR IHRE NÄCHSTE REISE ...

## ALLE **MARCO POLO** REISEFÜHRER

### DEUTSCHLAND
Allgäu
Bayerischer Wald
Berlin
Bodensee
Chiemgau/
Berchtesgadener
Land
Dresden/
Sächsische Schweiz
Düsseldorf
Eifel
Erzgebirge/
Vogtland
Föhr & Amrum
Franken
Frankfurt
Hamburg
Harz
Heidelberg
Köln
Lausitz/Spreewald/
Zittauer Gebirge
Leipzig
Lüneburger Heide/
Wendland
Mecklenburgische
Seenplatte
Mosel
München
Nordseeküste
Schleswig-Holstein
Oberbayern
Ostfriesische Inseln
Ostfriesland/Nordseeküste Niedersachsen/Helgoland
Ostseeküste
Mecklenburg-Vorpommern
Ostseeküste
Schleswig-Holstein
Pfalz
Potsdam
Rheingau/
Wiesbaden
Rügen/Hiddensee/
Stralsund
Ruhrgebiet
Schwarzwald
Stuttgart
Sylt
Thüringen
Usedom/Greifswald
Weimar

### ÖSTERREICH SCHWEIZ
Kärnten
Österreich
Salzburger Land
Schweiz
Steiermark
Tessin
Tirol
Wien
Zürich

### FRANKREICH
Bretagne
Burgund
Côte d'Azur/
Monaco
Elsass
Frankreich
Französische
Atlantikküste
Korsika
Languedoc-Roussillon
Loire-Tal
Nizza/Antibes/
Cannes/Monaco
Normandie
Paris
Provence

### ITALIEN MALTA
Apulien
Dolomiten
Elba/Toskanischer
Archipel
Emilia-Romagna
Florenz
Gardasee
Golf von Neapel
Ischia
Italien
Italienische Adria
Italien Nord
Italien Süd
Kalabrien
Ligurien/
Cinque Terre
Mailand/
Lombardei
Malta & Gozo
Oberital. Seen
Piemont/Turin
Rom
Sardinien
Sizilien/
Liparische Inseln
Südtirol
Toskana
Venedig
Venetien & Friaul

### SPANIEN PORTUGAL
Algarve
Andalusien
Azoren
Barcelona
Baskenland/
Bilbao
Costa Blanca
Costa Brava
Costa del Sol/
Granada
Fuerteventura
Gran Canaria
Ibiza/Formentera
Jakobsweg
Spanien
La Gomera/
El Hierro
Lanzarote
La Palma
Lissabon
Madeira
Madrid
Mallorca
Menorca
Portugal
Spanien
Teneriffa

### NORDEUROPA
Bornholm
Dänemark
Finnland
Island
Kopenhagen
Norwegen
Oslo
Schweden
Stockholm
Südschweden

### WESTEUROPA BENELUX
Amsterdam
Brüssel
Cornwall & Devon
Dublin
Edinburgh
England
Flandern
Irland
Kanalinseln
London
Luxemburg
Niederlande
Niederländische
Küste
Oxford
Schottland
Südengland

### OSTEUROPA
Baltikum
Budapest
Danzig
Krakau
Masurische Seen
Moskau
Plattensee
Polen
Polnische
Ostseeküste/
Danzig
Prag
Slowakei
St. Petersburg
Tallinn
Tschechien
Ungarn
Warschau

### SÜDOSTEUROPA
Bulgarien
Bulgarische
Schwarzmeerküste
Kroatische Küste
Dalmatien
Kroatische Küste
Istrien/Kvarner
Montenegro
Rumänien
Slowenien

### GRIECHENLAND TÜRKEI ZYPERN
Athen
Chalkidiki/
Thessaloníki
Griechenland
Festland
Griechische Inseln/
Ägäis
Istanbul
Korfu
Kos
Kreta
Peloponnes
Rhodos
Sámos
Santorin
Türkei
Türkische Südküste
Türkische Westküste
Zákinthos/Itháki/
Kefaloniá/Léfkas
Zypern

### NORDAMERIKA
Chicago und
die Großen Seen
Florida
Hawai'i
Kalifornien
Kanada
Kanada Ost
Kanada West
Las Vegas
Los Angeles
New York
San Francisco
USA
USA Ost
USA Südstaaten/
New Orleans
USA Südwest
USA West
Washington D.C.

### MITTEL- UND SÜDAMERIKA
Argentinien
Brasilien
Chile
Costa Rica
Dominikanische
Republik
Jamaika
Karibik/
Große Antillen
Karibik/
Kleine Antillen
Kuba
Mexiko
Peru & Bolivien
Yucatán

### AFRIKA UND VORDERER ORIENT
Ägypten
Djerba/
Südtunesien
Dubai
Iran
Israel
Jordanien
Kapstadt/
Wine Lands/
Garden Route
Kapverdische
Inseln
Kenia
Marokko
Marrakesch
Namibia
Oman
Rotes Meer & Sinai
Südafrika
Tansania/Sansibar
Tunesien
Vereinigte
Arabische Emirate

### ASIEN
Bali/Lombok/Gilis
Bangkok
China
Hongkong/Macau
Indien
Indien/Der Süden
Japan
Kambodscha
Ko Samui/
Ko Phangan
Krabi/
Ko Phi Phi/
Ko Lanta/Ko Jum
Malaysia
Myanmar
Nepal
Peking
Philippinen
Phuket
Shanghai
Singapur
Sri Lanka
Thailand
Tokio
Vietnam

### INDISCHER OZEAN UND PAZIFIK
Australien
Malediven
Mauritius
Neuseeland
Seychellen

Viele MARCO POLO Reiseführer gibt es auch als eBook – und es kommen ständig neue dazu!
Checken Sie das aktuelle Angebot einfach auf: www.marcopolo.de/e-books

# REGISTER

Im Register sind alle in diesem Reiseführer erwähnten Orte und Ausflugsziele sowie einige wichtige Personennamen verzeichnet. Gefettete Seitenzahlen verweisen auf den Haupteintrag.

Abtsdorfer See 82, **85**
Ach 82
Achental 54
Aiglsham 94
Allerding 94
Almbachklamm 76, **106**
Altach 84
Altenmarkt **41**, 98
Altötting 22, **56**, 112
Amerang 19, **64**, 90, 94, 106, 108
Anger 70
Armutsham 98
Arxtsee 37
Aschau 22, 31, **44**, 109
Asten 99
Attel 64
Bad Endorf 37
Bad Reichenhall 25, **66**, 91, 115
Baumburg 23
Baumburg, Stiftskirche 41
Benedikt XVI., Papst 21, 56
Benediktweg 22
Berchtesgaden 15, 16, 25, 29, 30, 54, 66, 70, **72**, 91, 97, 102, 104, 107, 108, 109, 113
Bernau 31, 115
Bischofswiesen 74, 113
Breitenstein 18
Burg Stein 104
Burghausen 17, 23, 25, 60, **78**, 81, 82, 83, 92, 108, 112, 113, 115
Chieming 102, 115
Chiemsee 15, 16, 22, 23, 28, 30, **32**, 43, 47, 91, 92, 102, 103, 110, 112, 114, 115, 132
Chiemsee-Rundweg 93
Chiemseepark Felden 37
Deutsche Alpenstraße 91
Dürrnbachhorn 103
Echowand (Königssee) 75
Eggstätt 37, 95
Eggstätt-Hemhofer Seenplatte 32, **37**, 92
Entenlochklamm 54, 103
Exter, Julius 15, 40
Feichten 99
Felden 37, 115
Feldwies 115
Frasdorf 48
Frauenchiemsee 29, 33, **37**, 38, 91, 93, 115, 132
Freilassing 16, 17, 19, 78, 107, 114
Freutsmoos 98
Gachensolden 95
Geigelstein 44, 48, **55**
Gerharding 98
Gollenshausen 103
Göllgruppe 76
Gotzenalm 75, 91, 102
Götzinger Achen 99
Grainbach 18, 62
Grassau 19, **49**, 91
Gstadt **38**, 93, 115
Gut Immling 37
Hachelköpfe 97

Hartsee 37
Hemhof 95
Herrenchiemsee 33, 34, **38**, 115
Herrenchiemsee, Schloss 16, 19, 38, 43
Hintereck 75
Hintersee **77**, 91
Hochfelln 15, 53, 103, 115
Hochgern 15, 55, 111
Hochkalter 22, 72, 76, 96
Hochries 48
Hochstätt 93
Höglwörth 71
Höglwörther See 71
Hörndlwand 25, 51, 91
Höslwang 94
Hufschlag 22
Inzell **53**, 91, 102, 115
Ischler Achen 94
Jenner 72, **74**, 103
Kampenwand 15, 44, 47, **48**, 55, 91, 101, 103, 111
Kay 99
Kehlsteinhaus 75
Kendlmühlfilzen 24, 39, 49
Kirchheim 99
Kirchner, Heinrich 42
Kirchseeon 109
Kirchweidach 109
Kloster Seeon **43**, 90
Kneifelspitze 76
Königsbachfall 75
Königssee 16, 24, 29, 66, **75**, 76, 97, 102, 109, 115, 132
Kössen 54
Kraiburg 60
Langbürgner See 37, 95
Lattengebirge 91
Laufen 17, 25, **84**
Leitgeringer See 84, 99
Lindach 98
Loferer Steinberge 51
Ludwig I., König 20, 70
Ludwig II., König 16, 38, 39
Malerwinkel (Königssee) 75
Maria Eck **53**, 108
Maria Gern 76
Marienberg 82
Marktl am Inn 21, 22, 56
Marktschellenberg 76
Marquartstein 49, 106
Maximum, Das 41
Mühldorf 23, **59**, 60, 89, 112, 113, 115
Nadolny, Isabella 15
Nationalpark Berchtesgaden 16, 24, 70, **76**
Naturbad Aschauerweiher 74
Naturschutzgebiet Chiemgauer Alpen 51
Neubeuern 62
Oberacherting 48
Oberndorf 84, **86**
Oberratting 94
Obersalzberg 72, 74, 115
Obersee 75, 115
Obing 42, 94

Otto I., Herzog von Bayern 14
Palfenhörner 96
Palling 98
Pelhamer See 37, 95
Petting 86, 87
Piding 70, 107
Ponlach 99
Predigtstuhl **71**, 103
Prien **33**, 34, 91, 102, 104, 112, 113, 115
Rabenden **42**, 90
Raitenhaslach 23, 82, **83**
Ramsau **77**, 91, 95, 97, 132
Ratzinger, Joseph 21, 56
Rauschberg 25, 51
Reit im Winkl 18, 49, **50**, 91, 102, 103
Reiteralpe 77
Rimsting 17, 92, 95
Rinser See 37
Roitham 94
Rosenheim 19, 23, 25, 54, **60**, 109, 110, 112, 114, 115
Rossfeld 18
Rossfeld-Panoramastraße 115
Rott am Inn 21, **65**
Rottmann, Carl 77
Ruhpolding 18, 19, 49, **51**, 102, 103, 104, 105, 115
Sachrang 47, **48**, 54, 109
Salet 75, 103
Salzburg 25, 68, 78, 82, 112
Salzburger Hochthron 76
Samerberg 62
Sankt Bartholomä 76, 97, 115
Schachen 94
Scheiblberg 103
Schellenberger Eishöhle 76
Schleching **54**, 103
Schleich, Eduard 15
Schönau 97
Schönramer Filz 86
Schrainbachalm 97
Schrainbachtal 97
Seebruck **42**, 91, 94, 102, 103, 115
Seeon 23, 43, 90, 94
Seeoner See 22, 32, 43, 94
Seeoner Seen 25
Selbhorn 72
Siegsdorf 53, 106, 108
Sigeretplatte 97
Simssee 22, 32, 103
Slevogt, Max 15
Sonntagshorn 51
Spitzweg, Carl 77
Staubfall 51
Stein an der Traun 104
Steinerne Agnes 69
Steinernes Meer 72, 76, 109
Steinplatte 103
Steintalhörnl 97
Stephanskirchen 95
Stifter, Adalbert 79
Stöttling 98
Strauß, Franz Josef 65
Streichen 55
Streichenkapelle 55

# IMPRESSUM

Taching 86
Taiding 94
Tassilo III., Herzog von Bayern 23, 38
Tettenhausen 86
Thoma, Ludwig 15
Thumsee 69, 71
Tittmoning 17, 22, 23, 78, 81, 82, **83**, 92, 99, 108, 109
Törwang 62
Traunreut 25, 41
Traunstein 22, 25, **43**, 108, 110, 112, 114, 115
Trischübel, Pass 97
Trostberg 15, **40**, 98, 99, 108
Truchtlaching 18, **43**, 103
Tüßling 60
Übersee **39**, 109
Unterreit 89
Untersberg 72, 76, 107
Urschalling 40
Waging 86, 87, 103
Waginger See 78, **86**, 103
Wasserburg 56, **62**, 89, 104, 108, 112
Watzmann 16, 66, 72, 74, 75, 76, 91, 95, 96, 102
Weitsee 51, 91
Wimbachgrießhütte 96
Wimbachklamm 96
Wimbachschloss 96
Wimbachtal 96
Winklmoosalm 103
Wolfering 98
Zauberwald 77, 91
Zimmermann, Johann Baptist 34, 46, 63, 83
Zinkenkogel 18

# SCHREIBEN SIE UNS!

Egal, was Ihnen Tolles im Urlaub begegnet oder Ihnen auf der Seele brennt, lassen Sie es uns wissen! Ob Lob, Kritik oder Ihr ganz persönlicher Tipp – die MARCO POLO Redaktion freut sich auf Ihre Infos.
Wir setzen alles dran, Ihnen möglichst aktuelle Informationen mit auf die Reise zu geben. Dennoch schleichen sich manchmal Fehler ein – trotz gründlicher Recherche unserer Autoren/innen. Sie haben sicherlich Verständnis, dass der Verlag dafür keine Haftung übernehmen kann.

MARCO POLO Redaktion
MAIRDUMONT
Postfach 31 51
73751 Ostfildern
info@marcopolo.de

**IMPRESSUM**
Titelbild: Chiemsee (Look: T. P. Widmann)
Fotos: W. Dieterich (Klappe r.); DuMont Bildarchiv: Widmann (29); Getty Images: M. Harrington (3), S. Hoederath (18 o.); Getty Images/Stock4B: Felbert & Eickenberg (30/31); huber-images: M. Carassale (108/109), Gräfenhain (42, 78/79, 83), H. Pönitz (52), R. Schmid (Klappe l., 5, 12/13, 46, 48, 51, 63, 68, 71, 72, 75, 88/89, 110 o., 111); Jäger & Jäger (7); Laif: P. Adenis (77), Back (28 r.), H.-B. Huber (4 o., 26/27, 41), T. Linkel (11, 17, 24, 110 u.), Riehle (10), G. Standl (6, 31, 86, 104/105); Look: D. Schönen (94), U. Seer (100/101), T. Stankiewicz (80), A. Strauß (2, 55, 58), F. Werner (4 u., 14/15, 23, 32/33, 36, 39), T. P. Widmann (1 o.); mauritius images: M. Gilsdorf (19 u.), U. Siebig (9, 56/57, 84); mauritius images/Alamy: G. Kirsch (60); mauritius images/imagebroker: M. Bail (65), Dr. Bahnmüller (8); mauritius images/Imagebroker: N. Eisele-Hein (18 M., mauritius images/imagebroker: N. Eisele-Hein (99), P. Mayall (30), M. Siepmann (20/21); mauritius images/Prisma: H. Fürmann (109); mauritius images/Westend61: M. Siepmann (34, 44/45), M. Ollmann (1 u.); picture-alliance/dpa/Majestic Filmverleih: D. Wöhlert (19 o.); Sophie Spöck (18 u.); O. Stadler (28 l.); vario images/Chromorange: K.-H. Spremberg (116/117); vario images/imagebroker (106, M. Wolf (66/67); vario images/Westend61 (108); T. P. Widmann (102)

**12., aktualisierte Auflage 2019**
© MAIRDUMONT GmbH & Co. KG, Ostfildern
Autorin: Annette Rübesamen; Redaktion: Corinna Walkenhorst
Im Trend: Annette Rübesamen; wunder media, München
Kartografie Reiseatlas: © MAIRDUMONT, Ostfildern; Kartografie Faltkarte: © MAIRDUMONT, Ostfildern
Gestaltung Cover, S. 1, Faltkartencover: Karl Anders – Studio für Brand Profiling, Hamburg; Gestaltung innen: milchhof:atelier, Berlin; Gestaltung S. 2/3, Erlebnistouren: Susan Chaaban Dipl.-Des. (FH)
Das Werk einschließlich aller seiner Teile ist urheberrechtlich geschützt. Jede urheberrechtsrelevante Verwertung ist ohne Zustimmung des Verlags unzulässig und strafbar. Das gilt insbesondere für Vervielfältigungen, Übersetzungen, Nachahmungen, Mikroverfilmungen und die Einspeicherung und Verarbeitung in elektronischen Systemen.
Printed in Italy

MIX
Paper from responsible sources
FSC® C015829

# BLOSS NICHT

**Ein paar Dinge, die Sie im Chiemgau beachten sollten**

### IN KIRCHEN GOTTLOS HERUMLÄRMEN

Die Bayern sind ein traditionell gottesfürchtiges, katholisches Volk und nehmen es – zumal in ländlichen Gebieten – mit dem Besuch von Messen, Andachten und Rosenkränzen recht genau. Ein gewisses Konfliktpotenzial entsteht also immer dort, wo Gotteshäuser nicht nur Gläubige, sondern ihrer Schönheit wegen auch Touristen anziehen. Verhalten Sie sich bei Kirchenbesichtigungen deshalb ruhig, irritieren Sie die still ins Gebet Versunkenen nicht durch das Surren Ihrer Videokamera, und diskutieren Sie über die Wessobrunner Stuckatur erst, wenn Sie wieder draußen im Freien sind!

### BAYERISCH REDEN

Laut Umfragen ist der bayerische Dialekt die beliebteste deutsche Mundart, auch bei den Nichtbayern. Entsprechend verlockend erscheint es also wohl auch, es den Bayern in der Sprache gleichzutun. Davon ist freilich abzuraten. Bayerisch ist viel zu schwierig, als dass es ein „Zuagroaster" erlernen könnte! Zudem werden entsprechende Bemühungen von den Einheimischen nicht etwa als ein Versuch kultureller Interaktion begrüßt, sondern als plumpe Anbiederei abgetan.

### STURMWARNUNGEN UNTERSCHÄTZEN

Wenn ein Sturm oder Gewitter aufzieht, kann sich der Chiemsee binnen Minuten in eine brodelnde Suppe verwandeln, die für Segler und Surfer eine echte Gefahr darstellt. Blinken die rund um den See angebrachten Sturmwarnleuchten, sollten Sie daher möglichst schnell den nächsten Hafen anlaufen.

### DIE NATUR MISSACHTEN

Vor allem die Bergwelt ist weniger intakt, als sie auf den ersten Blick vielleicht aussieht. Bergbahnen, Skiläufer und Massentourismus haben ihr bereits erheblich zugesetzt. Um das empfindliche ökologische Gleichgewicht nicht noch weiter zu stören, sollten Sie Skipisten und Bergpfade nicht verlassen. Blumenpflücken in größeren Mengen – auch wenn es sich nicht um so streng geschützte Pflanzen wie Edelweiß und Türkenbund handelt – ist Raubbau an der Natur. Und selbstverständlich packt man nach dem Picknick seinen Müll wieder ein!

### DEN CHIEMSEE AM WOCHENENDE ERKUNDEN

Chiemgau und Berchtesgadener Land sind von der Landeshauptstadt München mit ihren 1,3 Mio. erholungsbedürftigen Bewohnern maximal zwei Autostunden entfernt. Insbesondere der Chiemsee, aber auch der Königssee und Ramsau, die Aussichtsberge und die Wirtshäuser sind an schönen Sommerwochenenden beliebte Ziele für Tagesausflügler und entsprechend überfüllt. Es macht keinen Spaß, sich am Wochenende gemeinsam mit Hunderten von anderen Touristen etwa über das Inselchen Frauenchiemsee zu drängeln.